아버지의 향기

김종범 시집

아버지의 향기
큰아들 범이의 思父曲

인쇄 2023. 9. 25
발행 2023. 9. 30

지은이 김종범
펴낸이 민윤식
펴낸곳 인문학사
등록번호 제 2023-000035
서울시 종로구 종로19 르메이에르 종로타운 1030호(종로1가)
전화 : 02-742-5218

ISBN 979-11-983214-9-7 03800

값 12,000원

ⓒ 2023 김종범
PRINTED IN KOREA

*저자와의 협약에 따라 인지는 생략합니다.
*파본 및 제본이 잘못된 책은 구입서점에서 교환하여 드립니다.
*이 책은 저작권법에 의하여 보호받는 저작물이므로
 이 책의 전부 또는 일부를 재사용하려면
 반드시 문화발전소와 저자의 허락을 받아야 합니다.

아버지의 향기
큰아들 범이의 思父曲

김종범 시집

인문학사

시인의 말

시집을 펴내며

나는 아직 시詩 짓기를 잘 모른다. 편지처럼 일기처럼 메모를 남겨 왔다. 우리 한글과 많지 않은 한문을 알아보셨던 아버지께 바칠 사부곡思父曲이니까 쉽게 적어 보았다. 하늘나라에 계신 아버지가 편히 읽으실 수 있어야 했다. 아니 내가 올려드리는 얘기들을 고개 끄덕이시며 들으실 수 있어야 했다. 멋진 은유나 비유, 아리송한 묘사는 아버지가 불편해하실 테니까. 나의 마음을 순하게 엮어 올려 드리고 싶었던 거다.

아버지가 일찌감치 마흔여덟에 돌아가신 후, 우리 다섯 남매의 세 며느리와 두 사위가 들어왔고 손자 아홉 명과 증손자가 넷이나 태어났다. 한 번도 뵌 적 없는 아버지를 새로 늘어난 식구들에게 알려주려면 생전의 아버지와 나와 가족들이 함께 했던 추억들을 쉽게 풀어 써야 했다. 남기고 가신 오남매의 자식들 얘기와 그 자식들의 사랑으로 태어난 증손자의 모습들도 몇 편 덧붙여 올려 드리고 싶었다. 이승에서 만나지 못했던 새 식구들 모습을 이쁘게 보여 드리고 싶은 것이다.

평생직장으로 다니던 회사에서 정년퇴직을 2,3년 앞두고 막혔던 둑이 터져 밀려들 듯 닥쳐온 아버지에 대한 그리움. 아버지를 향한 아물지 않고 있던 안타까움의 가슴앓이가 도진 것이었다. 지역 대학교의 평생교육 시창작반에 수강하며 아버지에 대한 애절한 한恨 과 그리움을 몇 자씩 메모해 갔다. 서러움과 안타까움의 그 부스러기들을 한 줄, 한 쪽지 적어갔다.
그러다가 아예 사이버대학 문예창작과에 입학을 했다. 나의 사부곡을 제대로 써보고 싶었다. 아직은 많이 미천하고 부족하다. 다만 이 묶음에 담긴 쪽지들은 시적 상상으로 지어낸 글이 아니다. 고향에서 앞 강물과 뒷산을 오가며 나와 아버지와 함께 했던 길지 않았던 옛이야기들이다. 내가 적어놓고, 내가 다시 읽어보며 그리움과 서러움과 안타까움에 콧등 시큰해지기도 했다. 40년 동안 아물지 않고 있는 마음속의 상처를 하나둘 씩 벗겨내며 연고를 바르고 붕대를 감아보려 했다. 상처를 드러내 놓고 실컷 울고 나면 조금은 진정이 되리라 생각했다. 그러고도 낫지 않는 상처는 가만히 내버려 두려한다. 흐르는 세월 속에서 자연 치유를 기다려 보련다.

나의 사부곡과 함께 해주실 분들은 부모님을 일찍 여의셨거나 안타까운 사연 속에 부모님을 보내드려야만 했던 분이었으면 한다. 아니면 연로하신 부모님과 함께하며 세월의 아쉬움을 안고 슬픈 추억과 마음의 상처를 갖고 있는 분들이었으면 더 좋겠다. 그래서 서로 위로하고 이해하며 치유 받았으면 한다. 그리움과 안타까움으로 채워지던 시린 가슴들을 조금씩이나마 서로 나누고 싶다. 누군가의 더 진한 슬픔을 마주하면 내가 갖고 있던 무거운 마음을 조금은 덜어낼 수 있지 않을까 생각해 본다. 슬픔은 나누면 작아진다고 했으니까.

이 한 권 내 마음의 쪽지들을 2023년 9월 28일 40주기 아부지 기일 제삿상 영전에 바치고 싶다.

        2023년 9월.
        청평호숫가 강마을 '배나들이' 큰아들 올림

contents

시인의 말 ——— 4

봄,
돋아나는 그리움

멈춰 선 벽시계 ——— 14
정월 대보름 ——— 16
이별 이후 ——— 18
부서진 꿈 ——— 19
아물지 않는 상처 ——— 20
봄 강가에서 ——— 22
제비꽃 ——— 24
흔적을 지우며 ——— 26
노란 봄 ——— 28
봄기운 ——— 29
노란 봉고차 ——— 30
아버지의 봄날 ——— 32
아내의 육순생일 ——— 34
금강이가 내게 오던 날 ——— 36
있잖아요, 아버지 ——— 38
생일상을 받으며 ——— 40
춘곤증 ——— 42
나의 봄 ——— 43
내 고향 사월은 ——— 44
한식날에 ——— 45

배 건너요! ——— 46
봄날에 ——— 48
곡우절기 ——— 50
고향의 오월 ——— 51
강마을의 봄 밤 ——— 52
이 강을 따라가면 ——— 53
거울 앞에서 ——— 54
구름과 나 ——— 56
돌아오지 않는 열차 ——— 57
딸아! ——— 58
하얀 봄 ——— 60
꿈 길 ——— 62

여름,
푸르른 안타까움

춘천성심병원 705호실 ——— 64
스마트폰은 무능하다 ——— 66
아버지의 병적증명서 ——— 68
아버지께 고 하렵니다 ——— 70
내가 갚아야 할 빚 1 ——— 72
면도를 하다가 ——— 74
막걸리 ——— 76
한여름의 그리움 ——— 71
하중 ——— 80

아버지의 기우제 ——— 78
짧은 소풍 ——— 81
영혼의 사랑 ——— 82
어둡지 못하는 저녁 ——— 84
시간의 추억 ——— 85
안마당 펌프 물 ——— 86
소 여물바가지 ——— 88
늦여름 아침 ——— 89
늦장마를 바라보며 ——— 90
아버지의 강 ——— 91
생활통지표 ——— 92
그 사람 1 ——— 94
벌초 ——— 95
개망초 ——— 96
귀향 2 ——— 98
그 여름밤을 ——— 99
그리움의 무게 ——— 100
강물 1 ——— 101
강물 2 ——— 102
면회 ——— 104

가을,
진하게 물드는 서러움

9월은 ——— 107

문자메시지 —— 108
검정 고무신 —— 106
지구가 흔들려요 —— 110
한일병원 402호실 —— 112
추석 1 —— 113
추석 2 —— 114
추석연휴를 마치며 —— 115
멍에 —— 116
내려다보기 —— 118
9월의 눈물 —— 120
기일에 —— 122
추야무중 —— 124
그 사람 2 —— 125
응시 —— 126
찬란한 가난 —— 128
오래된 사진을 보며 —— 130
줍지 못하는 낟알 —— 132
고향의 강 —— 133
가족사진 —— 134
우리집 들기름이 더 고소한 이유 —— 136
강물이 —— 138
아버지가 보내온 바람 —— 139
알밤을 깎으며 —— 140
이루지 못한 바램 —— 142
귀뚜라미에게 —— 144
그날 밤 —— 145

고질병 ─── 146

겨울,
하얗게 뿌려지는 보고픔

첫눈 ─── 148
청국장 ─── 149
영정사진 ─── 150
꼬치구이 ─── 152
아버님 전상서 ─── 154
통금해제 ─── 159
세월 ─── 160
내가 갚아야 할 빚 2 ─── 162
그림자 ─── 164
황태 ─── 165
툇마루 ─── 166
겨울 귀향 ─── 167
섣달그믐 ─── 168
아버지가 지어주신 옷 두 벌 ─── 169
가짜 젖꼭지 ─── 170
설 명절 ─── 171
귀향 1 ─── 172
못다 한 사랑 ─── 174
고자 ─── 176
제삿날 ─── 177

아버지 마지막 가시던 날 ——— 178
장터 국밥집 ——— 180
끈 ——— 182
그리움의 굴레 ——— 184
강가에서 ——— 186
겨울 밤 ——— 187
황홀한 기다림 ——— 188
아버지의 향기 ——— 189
강물 3 ——— 190
대한을 앞두고 ——— 191

봄,
돋아나는 그리움

멈춰 선 벽시계
-사부곡 1

그 시계는 1934년산이었다
작지만 반짝이는 아담한 벽시계
시계추는 북한강 푸른 물줄기처럼
청평호수변 강마을에서 쉬지 않고 흘렀다
아침이면 강 건너 산잔등으로 갔다가
해질 녘이면 꼴지게 지고 돌아왔다
비탈밭 언저리 바위 위에 앉아 잠시 쉬기도 했지만
산 너머 다랑논을 뻔질나게 넘나들었다
스무여 호 남짓한 강마을에서 가장 반듯하고 야무진 시계였다

반들반들 길들여지고 다듬어져 갔다
집안에서도 논밭에서도 쉴 틈이 없었다
사시사철 조석으로 안 밖으로 오고갔다
수시로 태엽을 감아 주어야 했다

어느 해 8월 중순 갑자기 이상 징후가 나타났다
49년 동안 계속 태엽만 감아 조였기 때문일까?
춘천의 전문의도 고개를 젓는다
서울 큰 병원으로 옮겨 한 달 반 온갖 방법 써보았지만
안타깝게 시계추는 멈추고 말았다

시계바늘은 1983년 9월29일 오후 6시 40분에서 움직이지 않았다

내가 살아오는 동안 쳐다보기만 했던 그 시계
고장 나 멈추어 선 지 사십 년
지금도 흔들리는 시계추 소리 들린다
째깍째깍 초침 소리 귓전에 맴돈다

정월 대보름
-사부곡 2

두 팔로 감싸 안을 수 없는
헛간에 걸린 광주리보다 더 큰
정월 보름달이 강 건너 산 장락산 위로 오르면
나이 숫자만큼 짚 매듭 묶은 달집을 들고
텃밭 가장자리에서 흔들며 태웠다

올 밭농사 잘 되어 보리쌀 두어 가마 나고
고추는 오십여 근 더 따내고
고구마도 너댓 포대 쌓아놓길
엄니 아부지 소원을 대신 중얼거렸다

문창호지용 한지 오려 가운데 구멍 내고
곧게 뻗은 싸릿가지 쪼개 얇게 다듬어 붙여
종일 내달리며 갖고 놀던 꼬리연은
아까 어둡기 전 강 복판 얼음 위에서 날려 보냈다
머리엔 기계충도 생기지 말고
손 등 사마귀도 더 이상 크지 말라고
내 어린 액운을 무겁게 실어 보냈다

그랬던 50여 년 전 정월 보름달이

내 허연 머리 위로 예전처럼 올랐다
환하게 가깝게 떠오른다
강마을 고향집 텃밭 언저리엔
태우던 달집 불씨 아직 남아 있을 텐데
보름달처럼 크고 둥그렇게 그립다

이별 이후
-사부곡 3

40년 전 한일병원 402호실
철 침대 부서지도록 발버둥 치며
까만 땀 얼룩진 광목이불 걷어차고
가냘픈 숨 몰아쉬며 허공 긁었을 까만 손
따뜻이 잡아드리지 못한 죄스러움입니다

영정사진 속 40대 중반의 아부지보다
훨씬 더 나이 먹어버린 이 아들의
흰 머리카락 가닥 수만큼이나
셀 수 없는 미안함입니다

지금쯤 얼마나 늙어 버리셨는지
궁금해서가 아닙니다
찾아갈 수 없는 아득한 곳
무릎 꿇고 큰절 한 번 올릴 수 없는
진저리쳐지는 안타까움입니다

아부지!

부서진 꿈
-사부곡 4

'부지깽이 열두 길로 뛴다'는 바쁜 농사철
나는 댓돌 아래 안마당 펌프 물 옆에서 낫을 갈고
아부지는 마루에 걸터앉으신 채
한쪽 발 고무신은 봉당 위에
한쪽 다리는 마루 위에 접어놓으시며
무어라 말씀하시려다 헛기침 소리

그 기침 소리에 잠이 깨려 한다

열리려던 귀 돌아누워 베개로 막으며
조각난 새벽잠 쓸어 담는다
처마 끝으로 사라지던 기침 소리 끄트머리 잡고
가물가물해져 가는 40년 전
아부지 목소리 더듬는다

지난 이월 십일은
우리집 새 식구 된 손주며느리 생일
아부진 손주며느리가 보고프셨나 보다
오늘 이른 새벽에 내 꿈길로 오셨다
이 아들의 허기진 그리움 안쓰러우신 듯
희미한 그림자로 옛집 다녀가셨다

아물지 않는 상처
-사부곡 5

봄이 되면
아지랑이 햇살을 뿌려 주셨고
여름이면 기대앉을 쉼터를 내어 주셨지요
가을이면 배불리 먹을 곡간을 채워 주셨고
겨울 오면 구들장을 데워
몸 따스이 누울 아랫목을 주셨지요
마흔아홉 해 동안 내내

그리워서 보고파서
가슴을 움켜쥐고 숨 몰아쉬어도
40년 오랜 세월 아물지 않는 상처
가끔씩 덧나 부어오르면
문질러 바를 연고도 없고요
한 움큼 입에 털어 넣을 진정제도 없답니다.

남들은 아부지를 만나러 갈 때면
설레고 기다려진다 하건만
넉넉한 품에 맘 편히 안겨 보지도 못했는데
아무리 잠깐 다니다 갈 이승이라 하지만
자식노릇 제대로 해보기도 전에

그리 바삐 가서야 했단 말인가요.

이 아들의 아물지 않는
이 깊고 오래된 상처는
어디 가서 누구에게 치료 받아야 하나요

봄 강가에서
-사부곡 6

얼어붙은 강 얼음판 위에서
썰매는 몇십 리를 달렸을까
썰매 두 줄 철사는 닳고 닳아 납작해지고
내 손으로 깎아다듬은 팽이는 몇만 바퀼 돌았을까
돌아가다 지쳐 어지러움 안고
얼음판 위에 제자리 잡고 골을 팠었지

삭풍 휘몰던 차가운 밤
눈 덮인 고산의 맹수처럼 울어대던
한 자 두께 얼음판도
아장걸음으로 찾아온 봄기운에
젓가락 얼음 되어 강물이 풀리면
아부진 대나무 대팻밥을 들고 나가서
겨우내 강가에 엎어놨던 나룻배에 올라 뱃밥을 치셨다

퇴색한 해 묵은 부들초는
강 건너오는 봄바람에
풀 먹인 홑이불 소리로 사각거리고
물오른 버들가지 꺾어 비틀어
호드기 만들어 뱃전에 앉아 불면

연둣빛 피리 소리 물바람 타고 날 때
강가 비탈밭 냉이 캐던 옆집 누나
호미 내려놓고 아롱아롱 하품을 했지

제비꽃
-사부곡 7

딸아이
옛 봄에 제비꽃처럼 태어났었다
어렸을 적 몹시도 울어대던 그 아이
우리 부부 달래다 달래다 지쳐
팽개쳐 두고 방문 닫고 나왔는데
지 혼자 울다 지쳐 잠이 들었다

그 딸아이
애기똥풀 만큼 키가 컸을 때
까만 비닐 덮은 밭고랑에
참깨 씨 같이 넣자고 데리고 나섰다가
지루해 하는 애를 달래려고
밭둑 뽕나무에 다닥다닥 붙어있는
까맣게 익은 오디를 뽕잎에 싸서
뽕잎보다 작은딸의 손에 얹어 주었다

그 딸아이
나팔꽃 덩굴처럼 휘감고 같이 살아 갈 줄 알았는데
지 반쪽의 사랑을 만나 나의 둥지를 떠나더니
오월 햇볕 아래 참깨 씨를 뿌릴 때 보다

더, 뜨거운 땀을 쏟아내며
열다섯 시간의 긴긴 산통을 움켜잡고 애썼다
어렸을 때 삼켰던 까만 오디 국물이
새까만 땀으로 범벅이 되어 몸을 열었다

그 딸아이 곁엔
가시 없는 고슴도치가 꼼틀 거린다
또 한 포기 제비꽃*이 피어났다

*제비꽃 꽃말 : 순진무구한 사랑, 외손자 보던 날

흔적을 지우며
-사부곡 8

63년 전, 내가 네 살 때
아부지가 할아버지 집에서 분가하시며 지었던 옛집
초가삼간 세워지는 모퉁이에서
난 서까래 매기토막을 갖고 놀았었지

안방, 윗방, 마루 건너 방 하나 더
안마당 펌프 물, 외양간, 뒤꼍 잿간
우리 일곱 식구 밥상머리 같이했던 터
늙어 가시는 홀 엄니 위해 새집 짓고 옮긴 후
13년 동안 비워둔 옛집 허물어 버리려 하네

흙벽 떨어지는 뒷간에 쌓여 있던 잿더미
마늘밭 고랑에, 보리밭에 뿌려지던 자연친화적 거름
오랜 세월 삭아서 푸석한 먼지 되었지만
내 아부지 쭈그려 웅크리고 앉아
힘겹게 위아래로 피 쏟아내시곤
이내 병석에 누워 49년 세월 마감하신 터

거칠 것 없던 아부지의 세월 토막
잿간에 쌓여 있던 아부지의 마지막 부스러기들

삽괭이 끝에 뭉클하게 걸려 삼태기에 담겨진다
말라 있던 가슴이 울컥 질척해진다
목 넘어 고여 있던 눈물바가지 일렁인다
덩어리로 솟구쳐 잿가루를 적신다
삼태기 움켜진 손 파르르 떨고 있다

이 서러움
이 그리움
아린 손끝타고 텃밭에 뿌려 진다

*고향에 새 집 짓고 이사 한 후 헌 집을 허물며

노란 봄
-사부곡 9

봄볕 노랗게 펼쳐 놓는
청명 한식 돌아오면
바깥주인 없는 집에도 제비는 날아든다

바람기 없는 마당가 아늑하기만 하고
청춘을 담그신 앞 강물에선
아부지의 푸릇한 영혼이 다가온다

49년 세월로 멈춰선 시계바늘
그 깨져 버린 시간의 언저리엔 이끼가 돋고
능이버섯 검은 포자가 덮여 있다

머리카락 하얗게 물들기 전
하늘 별이 친구삼아 데려간 아부지를
초점 없이 하염없이 그리워하며
봄날의 아린 시름 달래보려
낮술을 마셔도 취하지 못하고
노오란 꽃 시절
야속한 세월이 덧없어

가만히 봄볕에 얼굴 떨군다

봄기운
-사부곡 10

설 명절도 우수도 지났으니
강 버들에 연둣빛 물오르리라
호드기 입에 물고 종다리 부를거나
낙엽송 가지 꺾어 말총 꼬리 만들어 뒤춤에 달거나

뻐꾸기 철 알리려
산 아래 내려와 울어대니
머지않아 들꿩도 알을 품으리라

밭 둑 언저리 삘기 돋아나면
푸석한 논에 물 가두고
녹슨 삽자루 문질러 흙 털어내리리라

겨우내 짧아진 아궁이 앞 부지깽이
숯검정 태워 봄을 피우리라

노란 봉고차
-사부곡 11

땅을 박차고 하늘을 열고
세상에 나온 지 15개월 된 손녀
이제 겨우 하는 말 "엄마" "까까" 뿐인데
맞벌이하는 엄마 출산육아 휴직 끝나가니
몸소 세상살이 나선다

집 앞에 노란 봉고차가 온다
작은 가슴 팔딱이는 또래들이 빼곡하다
"민지, 안녕!, 어서와"
웃으며 팔 벌리는 선생님 미워 등을 돌리며
악착같이 엄마 품으로 파고든다.
멈추지 않는 울음 노란 등가방 넘쳐 뿌려지는데
"드르르 쾅"
"어~ㅁ 마~ㅂ"
손녀의 울음이 봉고차 안에 갇힌다
엄마는 남겨진 울음 스웨터 주머니에 구겨 넣는다

보송보송한 노란 햇병아리 예닐곱이
속상한 맘 삼키고 울먹이며
개나리꽃 뾰족 입술로 콩닥거리는 작은 가슴

야속한 맘 안전띠에 묶은 채
노란 봉고차 안에서 털갈이를 하고 있다

아파트 화단엔 개나리꽃 덩굴져 있고
할배의 주름진 시선이 노랗게 물들어 흐려진다

*손녀의 어린이집 등원길을 보며

아버지의 봄날
-사부곡 12

40년 전에 떠나신 하늘 여행
두껍게 접어 두었던 시간들을 들추시고
자주 내 꿈길에 오시는 아부지
다섯 남매 자식들의 아부지였는데
나만의 아부지인 것처럼 내게만 오신다

방 안 가득 꼬물대는 내 자식들
꽁보리밥 밀수제비라도 배불리 먹이려
경운기도 다닐 수 없는 비탈진 논밭을
수백 수천 번 지게질로 오르내리셨으니
굳은살 어깨에도 피멍이 들었고
앙상한 등에 흥건하게 흐르던 땀은
소금가루가 되어 서걱거리셨지요
외양간 늙은 암소 긴 혀 널름대면
작대기처럼 메말라가던 까만 손으로
얼른 마른 볏짚 한 줌 던져 주셨죠

아부지의 새파랗던 청춘을 앗아간
열 길도 넘는 고향집 앞 강물은
아직도 변함없이 먼발치에서 일렁이고

원추리 새순 같던 아부지의 봄날은
예전처럼 마당가 돌 틈새에 와 있습니다

아부지
올봄도 스치는 바람결은
가래질한 논두렁처럼 반질반질합니다

아내의 육순 생일
-사부곡 13

아내가 내게 올 때 아부진 안 계셨다
시집오기 3년 전 9월 중양절重陽節 쯤에
강남 가는 제비 따라가 남쪽 나라 별이 되셨다
아내는 시아버지를 직접 뵌 적이 없다
빛바랜 몇 장의 흑백사진과 영정사진을 가끔 보았을 뿐

강남 갔던 제비 돌아온다는 삼짇날
음력 3월 3일 삼짇날이 아내의 생일
마침 올해는 육순 생일이다
때마침 아내는 생일날 새벽 꿈길에서
시아버지를 처음으로 만나 뵈었다고 내게 말한다
시아버지와 시어머니는 교자상에 마주 앉고
아내는 시아버지 옆에서 이것저것을 챙겨 드리고
손아래 동서는 부침개를 부치고
권해드리는 음식과 술과 안주를 맛있게 잡수시는
시아버지의 환한 얼굴을 마주했었단다

순간, 왈칵
연기도 없는데 내 눈이 맵다
콧등 옆 볼이 질척해진다

아내 모르게 얼른 얼굴을 돌려야 했다

두고 간 조강지처인 시어머니를
발 따숩게 마음 넉넉하게 모시고 있는
신라시대의 지은 아씨* 같은 큰며느리가 고마워서
37년 전 떠나셨던 하늘길 제비 따라 오셨나보다

*지은 아씨 : 삼국유사와 삼국사기에 전해지는
신라시대 가난하였지만 지극정성으로 어머니를 봉양한 효녀

금강金剛이*가 내게 오던 날
-사부곡 14

어젯밤 취기가 가시지 않은 채
느지막이 아점*으로 두식二食이 되어
응달에 숨어 있던 서리 맞은 머리카락
정성들여 오징어먹물 들였다

색소폰 연습실에 들러
침 흘리며 반복해 긴 숨 내 쉴 때
지 엄마 두부조림 먹고 싶다는 아들의 전화
아들 며느리 퇴근 시간 맞춰 집에 왔다
소주 한 병 따서 밥상 앞에 마주 했다
아들 녀석 건배사
"할아버지 할머니 되실 준비 되셨나요?
금강이*의 건강한 탄생을 기원합니다."

와우! 에구머니나!
앉은 채 내 몸은 공중부양이 된다
순식간에 콧등이 시큰거린다.
목이 콱 메어진다.

아들아 이 녀석아!

며눌아 고운 딸아!

고맙구나

축하한다

아부지, 큰손자의 건배사 들으셨나요?

*아점 : 아침 겸 점심으로 먹는 식사)
*금강이 : 손녀의 태명(胎名)

있잖아요, 아버지
-사부곡 15

아부지, 제가 음력 삼월, 봄 태생이잖아요. 그래서인지 저는 봄을 무척 좋아하고 즐기는 편이랍니다. 이른 봄 제일 먼저 찾아와 햇병아리 솜털로 꽃날개를 펼치는 산수유. 그 노란 산수유꽃이 좋아 새로 지은 고향집 건넌방 창 밖 모퉁이에 심어 놨지요. 아부지 좋아하시던 겹 벚꽃나무는 마당 입구에 자리잡았구요. 그 나무들도 이젠 나이를 먹어 밑동이 제법 굵어졌어요. 제 두 손 뼘 엮어 쥐어도 넘쳐나는 둘레가 되었지요. 저의 아부지를 향한 그리움의 두께인 거죠.

읍내에 나가서 탕수육에 고량주 한 번 제대로 사드린 적 없고, 생신날 살코기 한 움큼 넣고 미역국 한번 제대로 대접해 드린 적 없었네요. 허기야 제가 장가들기 전 이긴 했지만요. 사랑한다는 그 흔한 말 한 번 쑥스럽게라도 해 보지 못 했어요. 가을걷이 끝내셨을 때 느긋하게 온천장에 모시고 다녀온 적도 없었고요. 너무 고생 많으셨으니 이젠 좀 쉬시라는 말씀 제대로 건네 보지 못한 저예요. 아부지를 생각하면 할수록 모자라고 부족했던 제가 통째로 저려 옵니다.

아부지가 잘 만들어 주신 단단한 조각품인 이 몸으로 악착같이 버티며 살아왔어요. 그러다가도 가끔은 고향집 마당가 돌 틈 질경이 포기마다 그리움의 눈물 뿌렸지요. 한없는 그리움 안타까움으로 앞 강물을 온통 시퍼렇게 멍 들여 놓기도 했어요. 아부지 안 계신 텅 빈 제 가슴 구멍이 아직도 메워지질 않네요. 남들이 말하길 더 진한 슬픔을 만나지 않아서라나요. 애달프게 허한 공간은 질척한 서러움으로 채워 왔습니다. 이 시린 가슴, 마취도 필요 없이 얼른 꿰매어 닫아 버릴 순 없을까요. 아직도 아물지 않고 벌겋게 헤벌어져 있는 이 마음 속 상처를 말입니다.

생일상을 받으며
-사부곡 16

2015년 음력 삼월 열이레
엄니 날 낳아 주신지 60년
'예순' '이순'이라 했던가?
남의 말에 귀 기울이고
남을 편하게 이해해 주는
밝고 순한 귀를 갖으라는

내 홀 엄니, 아들과 며느리, 딸과 사위
동생네 식구들, 조카들
먼 길 달려와 왁자지껄 모였네.

하얀 이밥에 소고기미역국
간고등어구이와 들기름 발라 화롯불에 구운 김
하늘에 가 계신 아부지가
생신날 받으실 때 군침부터 삼켰던 밥상
그보다 더 푸짐하게 내가 받았네.

시끌벅적 피붙이들의 온기로 버무려진 식탁
색 바래가는 어릴 적 기억들을 끄집어내가며
축원과 소망을 웃음 섞어 건네주네

부러울 것 없어라
부족한 것 없어라
많이 따뜻하어라
많이 고마워라

아부지 죄송합니다

춘곤증
-사부곡 17

겨우내 동태처럼 얼어붙었던 땅
야들야들한 아지랑이가 부셔놓으니
뻘기 배동 발그레 부풀어 가고
쫀득한 속살이 통통해진다

아부지 담배연기처럼 피어나는
조팝나무 꽃무더기
복슬복슬한 타래요 덤불이다

팝콘처럼 터뜨렸던 매화 꽃비 떨군 자리엔
녹두알만큼 영근 봄이 다닥다닥 붙어 있다
난, 진달래 꽃잎 서너 장을 안주로
쏘맥 한 잔 마시고 싶다

이 연한 봄 한 토막 베어 물고
새순 돋아나는 아부지 산소에 누워
잔디 베개로 오수(午睡)에 들고 싶다

아부지 숨소리 나지막이 듣고 싶다

나의 봄
-사부곡 18

청명淸明 이맘때면 한해 농사 시작이라
소똥 두엄 텃밭으로 윗말 비탈밭으로 퍼 날랐고
푸석하던 논바닥에 물 가두었었는데
논배미 벼 밑동은 삭아 문드러졌고
해묵은 쑥대만이 허리 꺾고 누워 있다

아부지는 40년 전에 그 봄을 내려놓으셨다
그 후,
내가 찾던 봄도 서서히 말라갔다
아물지 않은 상처만 봄볕에 끄슬리고 있다

북한강변 내 고향마을
물오른 강버들 꺾어 비틀어
호드기 소리로 나의 봄을 열었었는데
해마다 그랬었는데….

나의 봄
오다 말고 강 여가리에 멈춰 서 있다

내 고향 사월은
-사부곡 19

진달래 목련 꽃잎 떨구니
사월 중순 봄날의 고향엔
복사꽃 배꽃이 하늘을 열어 주네요

밭 뚝 두릅 순도 따낼 만큼 내밀었구요
뒤뜰의 미나리 쌈 새순은
숯불 위 삼겹살 기다리고 있습니다

돌담 사이론 꽃잔디 흘러내리고
마당 언저리 흰 철쭉 뽀얀 속살 내밀면
뒷산 팥배나무 하얀 꽃 터뜨려 매달고
아부지 좋아라 하시던 겹벚꽃
마당가에 덩어리져 매달리리라

한식날에
사부곡 20

올봄도 아부지 산소 앞에 앉았습니다
봄 햇살은 그전처럼 산비탈에 널려 있구요
조팝나무 흰 꽃무리 타래로 휘청거립니다.
작년 여름 벌초 때 깎아 뉘었던 잡초는
벌써 밑동에서 새순을 밀어 올리고 있네요

아부지, 그거 아세요?
슬퍼서도 서러워서도 아니에요
아물지 않는 마음 상처의 세월
그냥 콧등이 시큰해져 와요
그냥 마른 눈물이 나요

산 아래 북한강엔 모터보트 하얀 물보라
예전과 다름없이 오고 가는데
언제나 아부진 말씀이 없고
허전한 제 가슴엔 푸석한 먼지만 일고
봄볕에 말라 갈라지는 그리움 위로

뻐꾸기 한 마리 퍼덕이며 지나갑니다

배 건너요!
-사부곡 21

내 고향은 산골 오지마을이었다. 일제강점기 때 만들어진 청평댐 호수로 내륙 속의 고도孤島가 되었다. 면소재지에서 걸어 40여 리 길. 그나마 가까운 강 건너 타 면소재지 버스에서 내려 걸으면 20리 길. 그래도 또 폭 4,5백 미터 되는 강을 건너야 했다. 강 건너에서 고향마을을 향해 나룻배를 불러야 했다.

"배~ 건너요"
"나~루 건너요"
두 손 모아 손나팔 만들어 강 건너 누군가를 불렀다
고래고래 소리 질러 나룻배 불렀다

버들가지 꺾어 호드기 만들어 불며
강물 위로 물수제비 수없이 던지면
기다림 물결 되어 나보다 먼저 강을 건넜다

이제~
그 강 건너엔 인적 없고
빤히 건너다 보이는 회색 슬레이트 지붕 아래
색 바랜 문패엔 나만이 알 수 있는

아부지 이름 세 글자 흐려져 있다
40년 전 부축 받으며 집 나섰던 아부지는
이 강 다시 못 건너셨다

강 건너 고향집 마당가엔 겹 벚꽃 덮였는데
마른 내 가슴엔 강바람이 차갑다

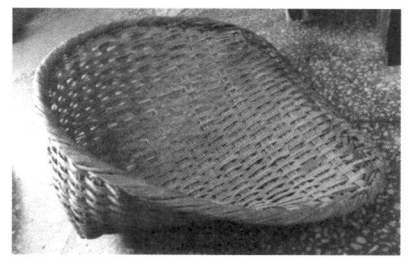

봄날에
-사부곡 22

조팝나무에 복슬복슬 꽃타래 터질 때면
아버진 무논을 다듬어 못자리를 만드셨지

봄 햇살은 부지런히 달려와
볍씨를 싹 틔웠고
샘 둑 옆 머위 잎은 술잔도 되었었지

한여름 삼복더위 뽕잎으로 가리시고
뜸부기처럼 백로처럼 기어 다니시며
물달개비 둑새풀 뽑아내고
피사리로 수없이 무논을 드나드셨지

이삭 패고 하늘도 높아지고
땡볕이 알곡으로 영글어 가던
서늘한 구월 스무아흐레 밤
마흔아홉까지만 세시고 난 후
밤안개 속 먼 길 떠나시더니
햅쌀밥 뽀얀 김 대신
매캐한 향불을 피우셨지

엊그제 꿈길에 마주한 당신은
올해도 봄볕에 벌써 까맣게 타셨더군요

안마당 펌프물 우리집 양수¥*木 퍼 올려
말라붙은 흙가루 허푸허푸 씻어내고
마당 아래 넘쳐나는 개구리소리 안주 삼아
막걸리 큰 사발로 올리고 싶어요
내 두 손 조아리며 받고도 싶구요

아부지….

곡우 절기
-사부곡 23

봄, 곡우 절기
봄비치고는 흠뻑 내렸다
도랑물도 넘쳐나고 지천이 홍건하다
곡우에 비가 오면 풍년이 든다 했는데

산 너머 다랑이 논두렁에
조팝나무 꽃타래 팝콘처럼 터졌다
이맘 때 아부지는
봄 햇살 등에 얹고 못자리 만드셨지

무논 샘 가래질 삽 끝에 실려 나오는
가재 몇 마리 불 피워 구워 주시고
삘기 뽑아 들큼 쫀득한 입질꺼리 입에 넣어주시고
붉게 솟아오른 싱아 꺾어 맛보게 일러 주시고
버들가지 꺾어 비틀어 호드기 만들어 불게 해 주셨지

질펀한 논둑에서 흙강아지 되어
아부지 꽁무니 따라다니며 배고픈 줄 몰랐던
내 유년은 선명한데
내 아부진 희미하다

고향의 오월
-사부곡 24

송홧가루 날리는 오월인가요
밭 뚝 엔 싱아 마디 늘리고
초벌갈이 논 흙탕물 속
새끼 올챙이 헤엄 배우는 계절

물안개 걷히는 아침 강가엔
버들가지 강물에 머리 헹구고
부들초 뒤꿈치 들어 햇살 맞을 때
물풀 사이 붕어가족 둥지 트는 곳

마늘줄기 살찌워 쫑 만들어 내밀고
감자 싹 포기 늘려 꽈리 꿈꾸니
보리밭 호밀 밭이랑 골 사이
달개비 쇠비름 어깨 쌈 한다

뒷산 팥배나무 짝 열매 맺고
아카시아 꽃타래 풀어 향기 날리어
꿀벌 맞이 분주한 내 고향 산천
청평이라 호반에 강 마을 고향
그곳이 좋아라
나는 좋아라

*2006년 9월23일. 강남교보문고 개장 기념 이벤트
"추억의 신혼열차"에서 자유시 짓기 대상 수상

강마을의 봄 밤
-사부곡 25

북한강변 고향 강마을에
깨알 같은 개구리 소리
엄니는 나지막이 코 골며 잠드시고
이 아들만 나그네처럼 뒤척이누나
저만치에 펜션마당 노랫소리 어둠을 흔드는데
오월 초록의 밤 어이 잠들까나

검은 등 뻐꾸기 봄 밤 헤집고 울며 지나가면
다시 또 돌아올까 기다려지건만
밤하늘 별들도 잠 못 드는 촉촉한 밤은
연녹색 이슬로 영글어
텃밭 청보리 대궁에 매달리는데
얇은 밤 두꺼운 그리움은
낼 아침 물안개 되어 강물 위로 오르리라

*고향집에서 이은상 시 '성불사의 밤' 노래를 들으며

이 강을 따라가면
-사부곡 26

내 사는 춘천 소양강 이곳에서
이 강줄기 따라 내려가면
내 아부지 잠들어 계신 강마을 만나리

그 강물 여가리에 배 대어놓고
산 중턱 푸석한 묏둥지로 오르리

40년 전
회다지꾼이 떠 주는 흙 한 삽
칠성판 위로 내려놓으며
삽자루를 적셨던 통곡의 눈물

낮아진 봉분
말라버린 눈물 자국 위엔
빌어먹을 쑥대만 덮여 있구나

아부지,
큰아들 저 왔어요

거울 앞에서
-사부곡 27

먹물로 물들인 내 머리카락
피부과에서 태워낸 검버섯 자국
나사못으로 다시 세운 임플란트 이빨
썬크림 응달로 가두려던 겉살
크게 변한 것도 없고
많이 쇠한 것도 없지만
요즘 들어 거울 보기가 민망하다

내 몸이 비춰지면
거울 속엔 아부지가 오신다

손톱 아래 까만 흙 물
벌겋다 못해 새까맣게 그슬린 팔뚝
헝겊 허리띠 위 검붉게 드러나던 허리춤 살갗
정강이 까칠한 터럭도 토막으로 잘려 나가고
발가락 새는 물러터져 헤벌어진 채
땡볕에 풀짐으로 얽어지셨던
내가 허물 벗은 껍데기

나를 세상에 풀어 주신

싱싱하고 달달한 샘물이었는데

많이 쑥스럽다
많이 죄송스럽다

그런데 또 많이 보고 싶다

구름과 나
-사부곡 28

하늘 위 저 멀리엔 구름
이 땅 여기엔 나

만날 수 없는 아득한 거리
만나고 싶은 두 뼘의 아린 가슴

내 첫울음 고이 담고 있는 고향을
산 넘고 강 건너 찾아가 보지만
젊늙은 구름은 말없이 저 멀리에
나는 바깥마당가 돌계단에

구름도 나도
맘 속 오래도록 간직하고 있는
짙푸른 강마을 배나들이*
그곳은 하늘의 구름도
이 땅의 나도
말 문 닫고 가는 곳
약속 없이 불쑥불쑥 찾아가는 곳
구름과 내가 가끔가끔 꿈길에 만나는 곳

*배나들이 : 북한강 청평호수변 고향마을 이름

돌아오지 않는 열차
-사부곡 29

나에게 아빠는 없었다
때로는 안아도 주고
친구같이 형아같이 놀아주기도 하는
그런 아빠는 없었다

군대 제대하고 집에 왔을 때
내가 살펴드려야 할
도와주고 보호해야 할
아부지는 잠깐 계셨다

불혹이 막 지난 아부지
너그러운 향기 뿌려 줄
지천명역을 목전에 두고
고향 강마을역에 하차하지 못하셨다
이순역 고희역도 정차하지 못하는
천상天上역으로 직행하는 열차로 떠나셨다
돌아올 왕복 차표도 없이

돌아오실 차표는
아직도 내 손안에 있는데….

딸아!
-사부곡 30

네가 태어나서 두 번째로 배운 이름, 아빠!
가끔은 잊었다가도 찾던 그 이름
가끔은 너와 네 엄마 마음을 아프게도 한 사람
그래도 밉지 않은 아부지, 맞지?

이 세상 처음 너를 만나야 할 시간에
분만실 앞에서 기다려 주지 못한 죄스러움
여태껏 지우지 못한 채 살고 있지만
너만 보면 온갖 시름 털어 버릴 수 있었고
힘든 세상살이도 잠시나마 덮을 수 있었단다
상처받을세라 살펴 주며 소중하게 키워온 딸아
밝고 환하고 이쁘게 커준 소미昭美야

네가 중·고딩 때 성적이 안 올라 속상해할 때나
대학 시절 주말 휴일도 없이 Bio실험실 나갈 때에도
차 태워 데려다주며 응원해 주던 사람
네가 시집가던 날 꼭 안아 주면서
잘 살아라 어깨 토닥여 준 아부지

이제, 엄마 아부지의 푸근한 둥지를 떠나

다정하게 다가온 남편의 넓은 어깨에 기대어
지혜롭고 따듯한 아내로 살아가다오
착하고 어진 며느리로 살아가다오

많이 사랑한다, 내 딸아

하얀 봄
-사부곡 31

김장독은 헹궈 뉘어져 있고
냉이 꽃대를 흔드는 바람이 따갑다

작년 가을 벼포기 밑동 뭉그러진 논바닥
흙보다 돌이 더 뒹구는 비탈밭을
가래보다 넓적한 아부지의 손바닥이
괭이처럼 날렵하게 파 뒤집는다
봄볕은 벌써 청양고추처럼 맵고 얼큰한데
깡마른 손등 위론 검푸른 핏줄이 솟아 있다

겨우내 안방 화롯불 위 뚝배기
이틀이 멀다 끓여 먹은 청국장
그 진득한 국물이 목덜미를 적시는 봄날

밭둑 언저리 흰 조팝나무 꽃 덤불
지금이면 등 굽었을 아부지처럼
휘어진 가지 옆구리 갈피마다
서러운 청춘의 진물이 솟아난다

40년 전 봄날
마흔아홉의 아부지가
올해도 하얀 꽃타래로 덩굴져 오신다

꿈 길
-사부곡 32

그곳은 아부지와의 만남 장소이다
남들이 보지 않는 은밀한 시간의 모퉁이다
다가갈 수 없는 거리지만
자꾸만 길을 나선다

그 길엔 동행자도 필요없다
길을 밝혀 줄 등불은 없어도 된다
그 길엔 비가 내려 질퍽거려도 좋다
한겨울 눈보라도 상관없다

그 길은 아득하지만
숨 가쁘게 정신없이 간다
툭 하면 맨발로 길을 나서지만
참고 견딜 만하다
금방 마주칠 수 있다

눈 뜨면 사라지는 길
그러나 베개맡에 선하게 남는 길
아부지가 마중 나오시는

그, 꿈 길

여름,
푸르른 안타까움

춘천성심병원 705호실
-사부곡 33

80여 년 동안 낡아 오신
내 엄니 병상 아래, 나는
한겨울 부뚜막 위 강아지처럼 웅크린다

옆 병상 신음 소리에
내 엄니 녹슨 숨소리는 잘 들리지 않지만
아련한 젖 내음이 내 가슴으로 내려앉는다

다섯 남매 하나 같이 부생모육^{父生母育}하셨거늘
어느 자식 누군들 대신 아파 줄 수 없고
쭈글한 살 껍데기 메마른 핏줄엔
백색 호스 주렁주렁 매미처럼 붙었다

한참 전 이맘때면 서방님 뒤춤 따라가며
뽕 따다 누에 치랴 모내기 하랴
툇마루에서 논밭 둑에서
대충대충 허기진 배 채워가며
허이허이 사셨건만

이젠 꾸부정한 허리

덜거덕거리는 무릎으로
외로이 바람벽 친구삼아
그 터전 지켜내시는 나의 허물껍데기

팔 벌려 꼬~옥 안아 보지만
푹신했던 젖가슴은 내려앉았고
포실하던 살결은 비늘 되어 벗겨지는데
무심한 세월은 오늘도 말없이
색 바랜 일수日收 찍고 접는다

*2015년 5월22일. 엄니 병원 입원실에서

스마트폰은 무능하다
-사부곡 34

벨 소리로 알려 온다
문자로 보여준다
진동으로 느끼게 해 준다
찾아가는 맛집도 상냥하게 일러 준다
여행길도 달려갈 수 있게 나열해 준다

동남아 어느 관광지에서
유럽의 중세 건물 앞 광장에서
아메리카 어느 거대한 폭포 아래에서
행복에 지친 모습들을 자랑하듯 띄워 준다

한참 전 고향동네 반장 집엔 마을 공용 전화기 한 대 있었다
반장 집에 미리 전화를 해서 통화 약속시간을 알려 주면
동네 안내방송을 하여 논밭에 있던 누군가를 불렀다
약속 시간에 맞춰 전화를 하면 영락없이 통화가 되었다

그런데
동네 안내방송도, 만능이라는 스마트폰도
도저히 찾지 못하고 닿지 않는 연락처가 있다
40년 전 하늘나라 어딘가에 가 계신 아버지의 거처다

이승에 계셨다면 올해 89세
아직은 지팡이나 휠체어도 필요 없을 나이신데
내 아부지 계신 곳 찾지 못하는 고가^{高價}의 럭셔리 스마트폰
제값 못하고 있는 고철이다
반도체 덩어리일 뿐이다

스마트폰은 정말로 무능하다

아버지의 병적증명서
-사부곡 35

인적사항 (성명)	김 수만
생년월일	350210
군 복무여부	군 복무를 마친 사람
군별	육군
계급	병장
군번	10041846
역종	면역
병과(특기)	146(무선통신)
입영연월일	1956년 6월 19일
전역연월일	1959년 5월 15일
전역구분	만기

    병역명문가兵役名門家를 신청하려고 아부지 병적증명서를 떼어 보았다
    67년 전의 육군 병장 아부지를 만났다
    젊은 청춘 아부지는 그곳에 계셨다
    싱그러운 젊음 그대로 병무청 컴퓨터에서 편히 계셨던 거다

    내가 태어나고 석 달 뒤 스물한 살에 입대하셨다가
    내가 만 세 살이 되었을 때 전역을 하셨던 거다
    내 기억에 아마 마지막 말년 휴가였을 것 같다
    귀대를 하려고 큰댁 사랑방 툇마루에서 군화 끈을 매시던 모습
    나의 가장 오래된 어릴 적 기억이 생생한데

마흔아홉에 바삐 하늘의 별이 되신 후
이 아들은 지금껏 그 하늘만 쳐다 보아왔다

그 병적증명서를 손에 든 순간 두 손이 부르르 떨려왔다
길을 잃고 울며 헤매다가 엄마 찾은 어린애처럼
왈칵 시야가 질척해졌다
흔들리는 몸 벽면에 기대었다
계단을 내려 올 수가 없었다
돌아서서 젖은 소맷자락으로 아부지를 끌어안았다

아부지는 스무네 살, 난 세 살로 만난 날이었다

아버지께 고告하렵니다!
-사부곡 36

손주 매달릴 어깨 회전 근골격엔
와인 두어 잔에
고소한 훈제 치즈를 녹여 채우고

군대서 무식하게 혹사한 무릎
시큰거리는 무릎연골 도가니에도
담근 매실주 서너 잔에
한우 육포 구겨 넣을 겁니다

점점 쪼그라들던 팔뚝에
힘이 모아집니다
후들거리던 종아리 터럭이
쭉 빗 일어섭니다.
끈끈한 윤기가 돌기 시작합니다

걱정 마세요
증손주 아가들 재롱은 아부지 몫까지
몇 곱절로 받아 줄 거니까요
안아 주고, 업어도 주고
무등도 태워 주고, 팔 그네도 태워 주고
혈육의 끈끈한 사랑
혼을 잇는 내리사랑을
앞 강물처럼 넉넉하게 채워 줄 겁니다

한여름의 그리움
-사부곡 37

그럴 리가 없었기에
전연 준비도 안 했다
맘 다잡을 틈도 없이
눈 깜짝할 새
반백 년 못 채우고 하세下世하신 아부지

조석으로 눈물은 도랑을 내고
아물 줄 모르는 상처
그리움의 딱쟁이 숯검정 되었다

외양간 앞에 뉘어 놓던 꼴지게 위로
콧등 타고 넘어오던 아부지 땀 냄새

계절은 유월 하지夏至 땡볕인데
오그라든 빈 가슴

시리다

아리다

내가 갚아야 할 빚 1
-사부곡 38

가난한 농자의 자식으로 태어나, 어린 시절
보릿고개, 아욱죽, 밀수제비에
감자, 옥수수, 무장아찌, 고구마였다

예닐곱 먹었을 땐
동생 등에 업고 소 풀 뜯기고
열서너 살 되었을 땐 지게 지고 낫 들고
어버이 뒤에 쫄랑쫄랑
콩밭 매기, 논두렁 깎기, 소 꼴베기, 땔나무 해오기

어버이 한숨짓던 고등학교 3년 자취생활
막장, 샘표간장에 연탄불 꺼진 냉방은
왜 그리 길며 이웃도 없었던지
봄, 가을 누에치기로 수업료는 독촉받고 언제나 꼴찌

회사에 취직하여 월급 돈 모아모아
두툼한 내복 한 번 입혀 드리고
양복 한 벌 새로 맞춰 드려도 보고
국밥도 사발 채워 드리면
가끔은 환한 얼굴 하시더니
급기야 49년 세월로 하늘 가신 아부지!

엄니 홀로 계신 내 고향 청평면 고성리를
산 고개 넘어서, 배 타고 강 건너서
내 깐엔 자주 뵙겠다고
내 깐엔 잠시 한숨 돌리게 해드리려 했었는데
귀찮지나 않으셨는지
잠깐 무거운 허리 폈는지
먼저 가신 서방님 하늘 보며
검부락지 붙은 머리카락 한번 훔쳐 올리셨는지

홀로 늙어 가시는 내 엄니

면도를 하다가
-사부곡 39

아부지!
이젠 저의 턱밑에 하얗게 눈이 쌓입니다
어찌해야 하나요

흰 머리카락은 한 달에 한 번 먹물을 들이면
감쪽같이 새까맣게 나이를 덮는데
수염을 염색한다는 사람은 못 봤어요
윗눈썹도 먹물 들일 때 슬쩍 빗질을 해 주면
흰 도사눈썹도 제법 감춰 주더군요
그런데 제 턱을 하얗게 덮어오는 흰 눈은
어찌해야 하나요

40대 청춘으로 고향 앞 강물 되신 아부지
젊디젊은 얼굴에 까만 수염
안마당 펌프물 옆에서 면도하시던 모습 선한데
어느덧 40년 전이군요

이젠 생전의 아부지보다 훨씬 나이 먹어 버린 이 아들
오늘 저녁 세수를 하다가
거울 속 제 얼굴의 허연 수염을 문지르며

왜 그리 쑥스럽고 어색하던지요

아부지 생각에 한참 동안 머뭇거렸답니다

미안해요

죄송해요

아부지!

보고싶어요

막걸리
-사부곡 40

이른 봄
논두렁 너머로 개구리 소리 넘쳐나는 계절
가래질 모내기로 진땀 흘려 목마를 때
논두렁 모퉁이에 둘러앉으면
21년산 위스키보다 더 혀 감기던 막걸리

한여름
사흘이 멀다 않고
강 건너 드나들며 살펴온 벼 포기 배동이 설 때면
큰 주전자 주둥이를 머위 잎으로 막아
개울가 바위 밑 응달에 담가뒀던
숨 돌릴 때 목마름을 적셔주던 막걸리

가을걷이
여명이 강 건너 산을 드러낼 때면
찬 서리 깔린 새벽부터
벼 타작 탈곡기 밟아대며 방방 거렸다
두부조림에 새참 쟁반 내오면
볏짚더미 뒤 잔심부름 애들까지 불러 목 축이던 막걸리

차디찬 겨울
윗목 구석에 이불 덮은 오지항아리
뽀록 뽀록 술이 익어갈 때면
영락없이 설이 가까이 다가온 거다
누구보다 술맛에 까다롭던 아부지
한 대접 떠내시던 그 모습 선하다

아버지의 기우제
-사부곡 41

긴 가뭄으로 논바닥 갈라지면
벼 뿌리는 말라 머리칼처럼 엉키고
호박잎 쭈글쭈글 말려들 때면
아부지는 한밤중에 기우제를 지냈다
안방 윗목 백자 요강에
손마디 두 개 깊이로 맹물을 채워 놓고 잠자리에 드셨다
그래야 물 쏟아지는 소리가 제대로 난다고 했다

깊은 밤
창호지 방문 너머로 들려오던 폭포 소리
아부지는 아랫배에 잔뜩 힘주어 소나기 퍼붓는 소리를 냈다
요강 속에서 천둥이 쳤다
그 천둥소리에 나는 잠을 깨곤 했다
그러고 나면 영락없이 비가 왔다
우리 동네에서도 이웃 마을에서도
울 아부지의 기우제 덕분인 줄은 아무도 몰랐다

나는 알고 있다
그때 그 시절, 흙먼지 날리던 밤에
아랫도리 기운까지 쓸어 모아 뽑아내시고

쏟아낸 양기 채울 틈 없이
갈라진 몸 이을 새 없이
사십 대 아홉수에 쓰러지셨다
영영, 일어나지 못하셨다

그 아부지가 빗물로 오신다

하중夏中
-사부곡 42

어둑해져가는 초저녁을 지게 위에 얹고
따라붙는 쇠파리를 떡갈잎으로 쫓으며
저녁 이슬 묻어온 아부지 꼴지게
늙은 암소가 제일 먼저
코뚜레를 치켜들며 긴 혀 내두른다.

작대기 받친 꼴지게 위
검붉은 멍석딸기 한 덩어리
아부지 입에서는 모기향이 피어오르고
흠뻑 땀에 젖은 적삼이
허기진 뱃속까지 투영할 듯
등짝에 찰싹 붙어 조갈燥渴난 하루 움켜쥔다.

이미 어둑해진 저녁
집 앞 무논에선 개구리 소리 요란한데
안마당 모깃불 쑥 더미가
다 사그라질 때쯤
텃밭 들깨 밭고랑 쇠비름은
한 마디 더 뻗어 내리라

짧은 소풍
-사부곡 43

강 건너로
산 고개 너머로
코뚜레 반들반들한 늙은 암소 동무하여
허덕이고 오르내리며 등골 태우시더니
묵정밭 언저리 흙 몇 삽 거둬내고
처자식 마주할 수 없는 좁은 토방에
하늘 보고 누우셨다

겨우내 얼었던 무논에 개구리알 풀어놓으면
조팝나무 가지 몇 개 꽂아가며 못자리 만들고
늦가을 싸리나무 청솔가지 깎아 세워 울타리 묶고
초가지붕 이엉 새로 엮어 얹을 때까지
허리 한번 제대로 펴고 쉰 적 몇 번이고
물 젖은 발바닥 뽀송했던 때 언제였을까

반백 년도 못 채운 짧은 소풍 마치실 때
속상하고 서러워 철퍼덕 주저앉아
설은 눈물 소나기로 뿌렸다
풀벌레처럼 목 놓아 울었다

대문간 색 바랜 문패엔
아직도 긴 목숨 가득(수만 壽滿)*한데….

*목숨 壽(수), 가득할 滿(만)은 아버지 함자(銜字)이다.

영혼의 사랑
-사부곡 44

농사꾼은 쏘시지 반 갈라 엎어 놓은 것처럼 논두렁을 매끈하게 다듬어야 한다고 하시던 아부지. 피 한 포기 없도록 무논도 깔끔하게 가꾸라 하셨다. 숫돌에 문질러 번득이게 갈아 놓은 낫날과 같은 초승달. 점점 짧아지는 낮 시간에 일찌감치 어스름이 내려앉는 9월이. 시커멓게 그슬린 그리움 덩어리를 고향집 마당가에 갖다 놓는다

40년 동안 끌어안고 온 그리움은 모양도, 향기도, 색깔도 변하지 않았다. 점점 더 뚜렷하게 커져만 가고 있다. 생전에 아부지 즐기시던 막걸리 한 주전자 목 너머로 붓고 싶다. 대장까지 훑어내 몸속 깊은 곳에 남아있는 서글픈 앙금 헹궈내고 싶다. 삭풍 들이닥쳐 문풍지 비집는 긴 겨울밤. 윗목에선 햇콩으로 띄운 청국장이 진득하니 익어갔다. 한밤중 쩌렁쩌렁 울어대며 두 뼘 두께로 얼어붙은 앞 강물. 그 얼음장처럼 까맣게 응고된 나의 그리움 훈풍 불어 얼음장 녹으면 같이 따라 풀리려나. 지금껏 품고 있는 안타까운 가슴 열어젖힐 수 있게 되려나

따뜻하고 푸근하게 부자간의 사랑 제대로 나눠보지 못했지요. 남겨 놓으신 달달하고 구수한 사랑을 야금야금 떼어먹고 있답니다. 여름이면 앞 강물에 지금도 수상스키 어지러이 하얀 물보라 뿜고 있어요. 강 복판에 남아있는 아부지의 깊고 푸른 사랑 아직도 출렁이고 있고요. 언제나 이 아들을 향해 넉넉한 미소 보내시고 계시다는 걸 알고 있어요. 이제 그만 오랜 설움 얼른 흘려버리고 아부지 그 사랑의 효모를 섞어 보고 싶어요. 잘 발효된 찌꺼기 없는 달콤한 포도주를 만들겠어요. 그리고 아부지 계신 그곳으로 찾아가 맛 보여드리고 싶구요.

어둡지 못하는 저녁
-사부곡 45

초등학교 하교 길
산 고개 넘고 넘어 20리길
체크무늬 광목 책보자기 어깨에 엇둘러매고
빈 도시락 달그락거리며 집에 왔다

양철통 구부려 아궁이 만들어 얹은 양은솥에
안마당 펌프 물 두 바가지 붓고
텃밭 흙 붙어있는 자주감자 여나문 개
놋숟가락으로 긁고 깎아 납작납작 썰어 넣고
장독대 집간장 두어 국자 퍼다 넣고
밀가루 한 양푼 덜어내 반죽해 놓고
땔나무 잔가지 꺾어 불 지필 준비 해 놓았다

아부지의 꼴지게 마당 들어서기 전
엄니 머리 동여맨 땀수건 검부락지 털어내기 전
아직은 어두울 수 없다
들녘의 풋내가
밭고랑의 땀 냄새가
대문 안에 들어서지 않았기 때문이다

어둡지 못하는 저녁이다

시간의 추억
-사부곡 46

아부지가 남기고 간 피붙이들
계절마다 때때마다 모여 앉아
촛불 밝히고 박수 맞춰 노래하며
물보다 진한 혈육의 정 채워 주고받고
낫낫하게 제비꽃처럼 피어난
다람쥐 같은 손주들 까부를 때면
아랫목에 계셔야 할 주름진 시선 한없이 그립다

아부지의 시계 멈추어 선 지 40년
녹슬고 빛바랜 지금쯤엔
망각이란 빗자루가 쓸어내 줄 만한데
가슴 시린 흔적도 추억이라고
숯으로 변한 까만 기억들이
불쑥불쑥 불꽃으로 피어난다

썩거나 풀어지지 않는
부자父子 간의 질긴 끄나풀로
헤어져 살아온 시간들 돌돌 말아 묶어
내 시계 멈춰 설 때 고이 갖고 가서
아부지 앞에 풀어놓으리라

안마당 펌프 물
-사부곡 47

보리누름* 철
깜부기 검은 먼지 날리고
한삼덩굴 톱날가시 까칠하게 솟을 때면
집 뒤 낙엽송 고목 참매미 떨판도
한낮 쏟아지는 햇볕에 끄슬리고 있다.

윗마을 비탈밭
노란 엉덩이 내민 개똥참외 뒹굴 때
서둘러 대우*치고 베어 낸 보릿단
아부지 키보다 더 높이 지게에 얹어 묶고
구수한 보리밥 내음 부뚜막이 코앞이다

탯돌* 앞에 지게보릿단 부려 놓으실 때
맥고모자 위 쑤셔 박힌 보리 송이 얄밉고
목 뒤로 파고든 까끄라기는
웃통을 벗어젖혀야만 털어낼 수 있었지

난 치켝치켝 마중물 부어 펌프 물 올리고
어머닌 그 샘물 한 대접 받아
당원糖原* 너댓 알 녹여 단물을 만드셨지

농익은 개똥참외보다 더 달콤하게

벌컥벌컥 시원히 목축이시고 나면

양동이 물바가지로 등짝에 부어 드리며

보리밥 찰기보다 더 끈적한 땀줄기를

오르내려 문지르던 내 작은 손바닥

*보리누름 : 보리가 누렇게 익어가는 철
*대우 : 보리나 밀 심은 밭이랑에 콩이나 팥 같은 것을
 간작하는 일
*탯돌 : 태질로 타작할 때 쓰는 돌
*당원 : 글리코겐의 한자 말(지름5mm정도의 작은
 단추모양의 흰 고체 당질)

소 여물바가지
-사부곡 48

십 구 년 전 고향집 새로 짓고 이사하며
끌어안고 옮겨온 살림살이 중
오십여 년 전 아부지가 통나무를 깎아 만든
옆구리 닳아 푹 파인 소 여물바가지

강산이 네 번 변하는 동안
맛스러운 먹거리 밥상머리든
살가운 피붙이 혈육들 마주할 때든
한 병 술로 세상사 들이킬 때든
나를 지켜온 건 아부지 기침 소리였다

계란 두 판 만땅으로 채우고도
바닥엔 일곱 개 더 뒹굴고 있는 내 나이
언제쯤 여물바가지처럼 옆구리 닳아
먹먹한 가슴 매끈하게 다듬어지려나
지금도 주책없이 자주 마당을 서성인다

아직도….

늦여름 아침
-사부곡 49

어제 저녁
아부지 꼴 베던 낫 모양으로
밤 마실 길 따라 나섰던 초승달

안개 걷히는 이른 아침
달맞이꽃 노란 꽃잎에
어젯밤 그 달빛 물들어 있다

마주 보던 필연의 사랑
만날 수 없어 애끓는 그리움이
해바라기 씨처럼 빽빽하게
동글동글 이슬로 매달린
아부지와의 촘촘한 기억들

8월 하순
끈적끈적한 아침

늦장마를 바라보며
-사부곡 50

고향집 마당 아래 저만치
북한강과 홍천강이 만나는 합수머리
내 아부지 잠들어 계신 푸른 보금자리

2020년 여름
팔월 중순 입추가 지난 절기이건만
호우주의보 폭우경보에 전국이 물난리다
서서히 앞 강물도 물빛이 변한다
하늘에서 뽀얀 물줄기 쉴 새 없이 들어부어도
푸르디푸르던 아부지의 세월이 퇴색한다
한강수계 댐들 모두 두 발 번쩍 들어 올리고
벌건 흙탕물을 쏟아내고 있다
뜨겁던 여름이 아래로 서쪽으로 떠내려간다

연일 쏟아지는 빗줄기 덕분에
아부진 잠시 등골 땀 말리며
찬란했던 가난은 강어귀에 묶어 놓는다

저 강, 그 물빛
다시 돌아오게 되면
바짓가랑이 걷어 올리고 성큼 들어서서
아부지 보금자리 내가 다시 펴 드리리라

아버지의 강
-사부곡 51

고향집 앞 강물은
찔레순 같은 아이들의 놀이터였다
여름이면 하루종일 멱을 감고
겨울이면 해질녘까지 얼음판 위에서 팽이치고 썰매를 탔다
그 아이는 희끄무레 시들어가고
그 강물도 슬그머니 야위어 간다

고향집 마당 아래
아부지가 흘려 놓은 강물
그 강물 예전처럼 푸르긴 해도
그 아이를 서서히 잊어가고 있다
지금도 쉼 없이 출렁이곤 있는데
아이도 그 강물이 서먹해져 간다

강물은 그 아이 육신의 양수羊水
아이를 달래 주던 달착지근한 젖줄
아이는 세월 따라 흘러오며
그 강물을 얼마나 그리며 살았던가

아이는 아부지가 그리울 때면 늘 그 강가로 간다

강가에 불쌍한 배 한 척 매어져 있다

생활통지표
-사부곡 52

양진국민학교 3학년 1반, 김종범
1965년 7월 여름방학 시작하는 날
보호자 앞으로 보내온 생활통지표

어둑해진 초저녁 꼴지게 외양간 앞에 뉘어놓고
안마당 펌프 물로 땡볕 씻어낸 아부지
마루 위 밥상 밀수제비 양푼에 숟가락 얹을 때
광목 책보자기 속 방학책 갈피에서
슬며시 끄집어낸 생활통지표
석유등잔불 밑으로 내미는 아들
학업성취도 '수'에 빨간 인주 붓 뚜껑 모두 찍혀 있다
담임선생님이 잉크 찍어 눌러 쓴 펜글씨 두 줄
'아들 잘 두셨습니다'
'공부 잘하는 모범생입니다'

침침하던 등잔불이 대낮처럼 환해진다
광목 책보자기가 반짝반짝 비단천이 된다
꼴지게 풀냄새는 장미꽃 향기가 된다
밍밍하던 수제비 반대기가 설탕처럼 달콤하게 사각거린다

마당 아래 무논 속 개구리들 떼창 하며 좋아라했다
천장의 모기도 날지 않고 등잔불 아래 내려다보고 있었다
바람벽 파리들은 두 손 모아 박수를 치고

초가집 지붕 위 여름 밤 하늘
크고 환한 아부지의 별과
작지만 예쁜 아들의 별이 밤새 반짝거렸다

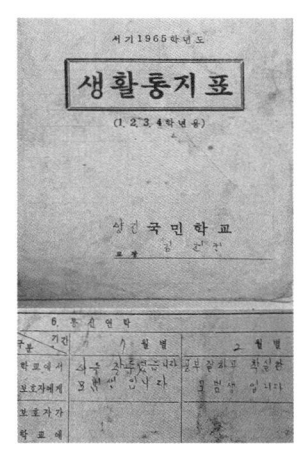

그 사람 1
-사부곡 53

뒤척이는 밤이면
어김없이 보이는 얼굴
오래전의 내 아부지와 겹쳐져서
문득문득 다가오는 사람

아부지와 준비되지 않은 갑작스런 이별 후
사십여 년 동안 못해 본 어리광도
사십여 년 동안 못 나눈 얘기까지도
아부지 대신하여 고개 끄덕여 주며
말로 할 수 없는 망설임도 알아채어
받아주고 껴안아 줄 것 같은 사람

내 가까이에서 부드럽게 눈 맞춰주며
검버섯 피어나는 손잡아 온기 나누고
정 찰랑이는 술잔 나눌 사람

까맣게 끄슬려 온 속마음 굳이 열지 않아도
그리움 앙금 되어 곪아 터진
아물지 않는 내 상처 토닥여 줄 사람

그 사람이 내 곁에 온다
내가 그 사람 곁으로 간다

벌초 伐草
-사부곡 54

화전 밭 일구시던 산 중턱 외진 곳
받쳐 세운 지게에 가난이 가득할 제
아부지 살아생전 땀 적신 그 자리

북어포 한 장 과일 몇 개 감싸들고
두런두런 올라오는 내 자식들 보고파서
기다림 잡초 되어 까치발로 서 계신 곳

긴 긴 밤 동무해준 달맞이꽃 뽑아내고
예초기로 기다림 깎고 낫으로 외로움 다듬으니
소담한 봉분 위에 환한 얼굴 지으시네

개망초
-사부곡 55

콩밭 매던 내 엄니의 땀방울이 맺혀 올라
묵정밭 가득 채운 한여름의 수런거림
계란보다 작은 메추리알 프라이 같은

눈길 주는 이 별로 없는 들판에
애틋한 모정으로 묵은 뿌리 싹 틔워
하염없는 그리움을 펼쳐 깔아
키우고 뻗고, 피고 지고
한여름 장마에 뭉개질 때까지
허전하지 않을 꽃 무더기

이른 봄부터
풋내를 온 들판에 토해 놓으며
울고 또 울다가
외로워서 꽃이 되었다는

볼품없이 키만 멀쑥한, 너

귀향 2
-사부곡 56

북한강 물줄기 홍천강 만나는 합수머리
나, 태어난 그곳
뼈 키우고 살 붙인
그, 강마을 '배나들이'로
나, 이제 느지막이 배 띄우련다

바람 자면 노를 젓고
바람 불면 돛 올리련다
청춘의 푸른 빛 향수를 찾아
춘천에서 청평으로 강물 따라
서서히 천천히 떠내려가련다

그곳엔 40년 전부터
날 기다리시는 아부지가 계시니까

그 여름밤을
-사부곡 57

삼복더위 쏟아붓던 여름날
온 가족 마당에 멍석 깔고 앉아
올려다보던 밤하늘의
총총했던 별들이 보고파요

아니, 분명한 건
그 별들이 그리운 게 아니라
한낮의 남은 열기 부채 바람으로 날리며
아부지와 우리 식구 둘러앉아 두런두런
멍석 위에 깔아놓던 혈육의 체온일 겁니다

내가 작은 별이 되어 아부지 곁으로 가면
그 강마을 옛집 마당을
아부지와 나 손잡고 내려다 보자구요

지루해 마시고 기다리세요

그리움의 무게
사부곡 58

소나기 폭우에 젖어 버린
질척한 가슴
35도 폭염에도 마르지 않고 있다.

누군가를 그리워한다는 건
드러낼 수 없는 한숨을
가슴 깊이 담고 있다는 것
그 아쉬움 서러움 안타까움
말없이 삭히고 있다는 것

아쉬움 한 근
서러움 두 근
안타까움 세 근
그리움 네 근

이, 몹쓸
열 근의
두껍고 새까만
숯덩이 같은 사부思父의 정情이
한여름 칡넝쿨에 칭칭 감겨져 있다

강물 1
-사부곡 59

고향집 앞 강물
잔잔하던 수면水面이
나를 보더니 허리를 편다
그 강물 위에서 쉬고 계시던
아부지가 일어서서
성큼성큼 걸어 나오신다

40년 전
마흔아홉 살 옛 모습 그대로
내게로 오셨다

지난밤 꿈에….

강물 2
-사부곡 60

앞 강물에 풀어 담은
짙푸른 기억들과 아부지의 발자취
그 향기 조각들이 얼음장 되어
이 아들 가슴에 다가온다
새까맣게 응고된 차가운 얼음덩이를
부서지도록 껴안아 본다

준비되지 않은 이별을 하고
지금껏 아린 가슴 삭히고 있다
남들이 청승맞다 눈 흘김 해도
아무도 듣지 못할 속울음으로

당신을 그리워해 온 차가운 세월
두 손 모아 녹여내니
흥건히 고이다 흘러내려도
남기고 간 흔적은 지워지지 않는다

나이 먹은 고목이 더 아름답다 하던데
검은 머리보다 흰 가닥이 더 많아질 때까지
오래도록 품고 오는 멍든 그리움은

내다 버릴 수 없는 골동품이다

얼음장 녹아 짙푸른 강물 되고
물결치다 또다시 얼음판이 되겠지
나 얼마를 더 나이 먹고 꼬부라져야
저 강가로 가만히 다가갈 수 있을까

면회
-사부곡 61

지난달 마지막 주말
모처럼 아들과 손주와 같이
아부지 면회를 갔다

60여 년 전 일궈냈던 화전밭 언저리
불에 타다만 나무등걸 뽑아내던
내 기억에도 생생한 해묵은 그 밭 자락
이젠 흔적도 희미한 그 산비탈로
풀숲 헤치고 아부지 뵈러 갔다

산 아래 강물은
예나 지금이나 푸르디푸르게 눈 아래 깔리는데
덥수룩한 잡초 덮고 계신 아부지
오랜만에 무릎 접고 인사 올렸다

예초기 폭발하는 울부짖음은
39년 전 내 통곡소리다
칠성판 위에 쏟아놓았던 눈물이
오늘 다시 솟구쳐 온몸을 적신다

깔끔히 다듬어드린 봉분 위로
늦여름 햇살이 옹기종기 모여든다
이제 그만 내려가라
내 등을 떠민다

가을,
진하게 물드는 서러움

검정 고무신
-사부곡 62

나 일곱 살 적
농사일 쟁기 짊어질 암소 한 마리
40리 밖 읍내 우시장에서 한 식구 되어
검정 고무신 아부지는 소 고삐 잡고
난 그 고무신 뒤꿈치 따라
어둠을 밟고 넘었던 산 고갯길

초가을 어느 날
49년 세월로 멈춘 아부지의 시계
향내음 쩌든 영구차에 실은 채
내 몸도 덜컹거리며 바스러지고
복받치는 서러움 까맣게 뿌리며
검정 고무신 발자국 지우며 넘었다

지게 지고 오가던 발길에 마주치던
눈에 익은 풀벌레도 차마 울지 못하고
안개도 철퍼덕 주저앉은 밤

9월이 되면
아부지 앓이가 온다.

*9월28일 33주기 기일(忌日)에

9월은
-사부곡 63

우리네 체온보다
더 뜨겁게 치솟던 열기가
맑은 이슬로 풀잎에 맺힌다는
백로白露가 일주일 뒤

40년 전 9월은
내 아부지 이 세상 소풍하시다 만 채
반백 년 채우지도 못하시고
일찌감치 소천하신 달

하얗게 물들어버린 안개도
노르스름 익어가는 달빛도
저 멀리까지 투명해지는 하늘도
서러움, 안타까움
머물 곳 찾지 못하고
길 옆 코스모스처럼 흔들린다

이 그리움의 상처
가슴 깊숙이에서 덧나고 있다

문자 메시지
-사부곡 64

낯선 번호에서 문자가 왔다
통신사는 SKT가 아니라 SKY이다
40년 전 하늘 가셨던 아부지가
잠깐 다니러 오신단다.

그날이 되면
얼른 햅쌀 헹구어 솥에 안치고
바가지 들고 잰걸음 텃밭에 나가
풋고추 따다 숭덩숭덩 썰어
초고추장 무쳐 한 사발 재워놓고
샘물에 띄워놨던 열무김치, 머위나물
보시기 듬뿍 담아 상에 올리리라
이맘 때 이승에서 맛나게 드시던
늦여름 툇마루 밥상이셨지

얼른얼른 전화해서
생전에 보신 적 없는 두 며느리 부르고
손자와 손자며느리, 손녀와 손녀사위, 증손자 넷
둥그렇게 모여 큰절로 인사 올리면
어떤 얼굴 지실런가

무슨 말씀 하실런가
내 아부지

억새풀에 생채기 나 얽은 손
땡볕에 끄슬려 까맣게 낡은 손
꼬-옥 잡고 놓지 않으리라

날이 새도록….

*9월28일 기일(忌日)을 앞두고

지구가 흔들려요
-사부곡 65

아장아장, 뒤뚱뒤뚱, 꽈당!
손녀의 걸음마
아파트 10층 바닥을 울렸다
단발성 파동이라 아래층 층간소음 민원은 없었다

그 울림 퍼져나갔다
지층 마그마를 뚫고 점점 힘을 키워나갔다
지각이 요동치더니 어긋나며 단층이 생겼다
지구 반대편 멕시코 남부
규모 8.1의 강진이 발생했단다
그 지진의 원인은 아마도 손녀의 걸음마 실패?

엉거주춤, 비틀비틀
또 꽈당, 쿵
수없이 흔들어 놓는다
남극의 빙산도 쪼가리로 갈라져 내릴 것이다
그러다가 한참 후 이 지구의 흔들림이 멈추면
난 손녀의 손을 잡고 꽃길을 걸을 것이다

*2017년 9월7일 멕시코남부 강도 8.1의 지진 소식을 접하며

한일병원 402호실
-사부곡 66

까맣게 쭈그렁 껍데기만 남아가던 아부지
메마른 눈빛으로 누워계시고
아들 회사로 전화 할 줄도 모르는 엄니가
안절부절 곁을 지키시던 서울 한일병원 402호실
춘천 회사 퇴근 하자마자 서울 행 기차로
이틀에 한 번씩 오르내리던 9월 어느 날
병실이 정리된 채 텅 비워져 있다
불길한 예감!
뒷머리가 쭉 볏 선다
허겁지겁 간호사실로 갔다
지하 영안실을 일러 준다

아이고! 어머니!

숨 가쁘던 세상이 모두 정지 되었다
마흔아홉 짧은 삶 냉동 서랍에 담으셨다
골 깊어가던 주름살 펴시고
이승의 거미줄 모두 감아쥐신 채
가장 평화로운 모습으로
가장 편안하신 몸으로
가장 인자하신 얼굴로
모든 것 내려놓으셨다

아이고! 아부지!

추석 1
-사부곡 67

눈을 감으면
말랑하게 다가오는
들기름 내음 깔리는 고향

멀리
안개 두르는 강마을은
지천이 자홍색으로 물드는 산수화

벼 이삭, 넝쿨호박, 나지막한 지붕들
강가 논둑길에서
메뚜기 강아지풀에 타래 끼우며
고추잠자리 꽁무니 쫓던 어린 시절아
씀바귀 꽃대엔 붉은빛 올라 있겠지
먼 곳 타향에서의 설렘은
벌써 고향집 앞마당 양지로 향한다

고향은
오늘도 긴 목 들어 올리고
이제나, 저제나 다가올
내 발자욱 소리 기다리고 있을 거다

추석 2
-사부곡 68

지난여름 부채질 팔 저림 잊어버리고
계절의 모퉁이 숨 가삐 돌던
메마른 일상 잠시 내려놓고
내 유년의 흔적 남아있는 고향으로 달려가
누추해진 삶 정갈하게 씻어내리

주차장 되어버린 분주한 길을
산 넘고 들을 지나 불어오는 향수^{鄕愁} 따라
싸리울 덩굴강낭콩 마른 줄기 찾아 잇듯
색 바래진 내 발자국 찾아가리

해바라기 같은 얼굴로 댓돌 올라서
낮은 문 열고 고개 접고 들어가
무릎 꿇고 세상살이 때 묻은 두 손 모아
내 체온 남아있을 구들장에 이마 대고
곶감처럼 쭈글 해진 부모님 주름살을
오늘 저녁 반반히 펴 드리리

송편 시루 위로 피워 오를
엄니의 포슬포슬한 손맛 가슴에 담으리
출렁이는 논밭의 아부지 푸짐한 지게만큼
뜸했던 정 너그러이 나누리
넉넉한 맘 가득가득 채우리

추석연휴를 마치며
-사부곡 69

깊고 큰 우물같이
마르지 않는 나의 양수羊水
힘들고 외롭고 지쳐서 찾았던
홀 엄니 계신 내 고향 강마을

산길 옆 돌 틈바귀
도토리도 옹기종기 모여 있고
메뚜기 뒷다리도 오동통 살이 오르고
옛 친구도
옛 추억도
두꺼운 흔적으로 남아있는 곳

이 넉넉하고 살가운 정을
두레박으로 퍼 올려 배부르게 들이키고
몸과 맘 맑아져서
내 삶터 그곳으로
성큼성큼 다시 가자

멍에
-사부곡 70

윗마을 밤나무 골
늙은 암소 입 거품 흘리며 오르내린 비탈 밭
콩 잎에 먼저 가을이 내려앉으면
밭고랑에 노란 엉덩이 내민 개똥참외
단물이 진하게 고여 가리라

여름 볕에 검붉게 물든 고추
멍석 위 가을 햇살에 큰대자大字로 누워
맵디매운 그리움을 황금색으로
가슴속 앙금 채우며 쪼그라든다

보내 드려야만했던 내 아부지
슬레이트 지붕 수많은 골 타고 오셔도
처마 아래 댓돌에 내려서지 못하시고
울 넘어 먼발치서 오락가락하실 때
그 체취 사무쳐 허공에 시선 던지면
질척해지는 내 눈가에 고추잠자리로 오신다.

생전에 둘러 세웠던 싸리 울타리
이젠 삭고 썩어 기울어져 가는데

마른 가지 기어오르던 덩굴강낭콩
제대로 여물지 못한 채 쭈글한 꼬투리로
건들바람에 매달려 있다

내 경추 위에 세월이 무겁다

내려다보기
-사부곡 71

아내는 아기에게 젖을 물리고 내려다보고
나는 아기와 아내를 번갈아 내려다보았다

그 애는 콩나물처럼 자랐다
기저귀를 벗고 멜빵바지를 입었다
유치원엘 다니다 학교를 다니고
군대를 갔다 오고 취직을 했다
결혼을 하고 아기를 낳고
어미닭 날개로 껴안고 내려다본다

난 그 아들과 손녀를 자꾸만 내려다본다
더 이상 바램은 죄가 될 터이다

내려다보기는 껴안음이다, 끝없이
내려다보기는 이어짐이다, 한없이

내 엄니의 쭈글해진 젖무덤이
더 길게 아래로 매달린다

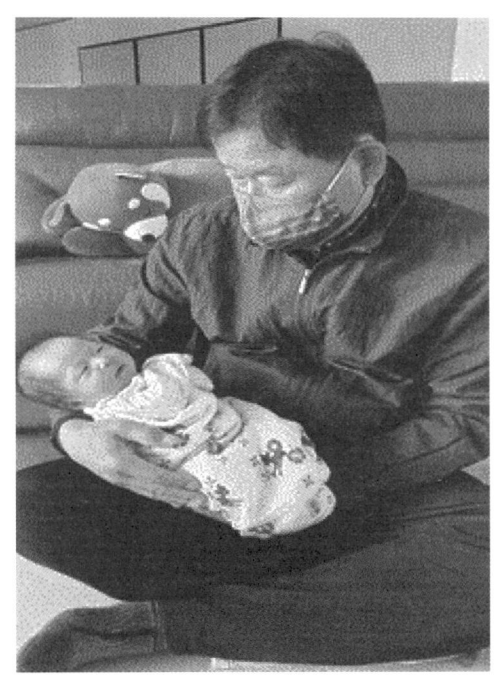

9월의 눈물
-사부곡 72

누에는 넉 잠을 자고 난 후 일주일 동안
넓다란 뽕잎 쉼 없이 갉아먹고 배 채워
까만 후추 알 같은 똥 몽땅 쏟아내곤
뽀얀 명주실 한없이 입으로 뽑아 올려
안방 윗방 단 두 칸 새하얗게
단단하고 곱상한 보금자릴 만들고
나비되어 날아오를 날 기다리며
번데기로 주름 잡고 웅크린다

꽤 오래 전부터 빈집이던 나의 9월은
구멍 나고 누렇게 색이 변한 나뭇잎같이
아부지 없는 세상 혼자 짊어진 듯
오금 펴지 못하고 살아왔다

당신을 향한 사무치는 서러움과
딱쟁이 덮여진 그리움의 덩어리를
지게차로 묵직하게 들어올려
집 앞 강물에 던져 버리면
시퍼렇게 멍 들어버린 아부지의 강
내 눈물 섞어 말개질 수 있을까

기일^{忌日}에
-사부곡 73

구월 이십팔 일 밤 열한 시
이웃집에선 장롱을 열고 이불을 꺼낼 때
나는 장롱 속 아버지를 깨운다

초혼^{招魂} 한자^{漢字} 몇 글자는 싫다
일 년에 세 번만이라도 얼굴 마주하고 싶다

세월은 거꾸로 흘렀나 보다
이젠 나 보다 젊은 얼굴 영정사진 속 아부지
40대의 푸른 청춘이다
손끝이 파르르 떨려온다
가슴은 시린데 눈언저리가 뜨겁다

오가는 차표 예매는 못해드렸는데
경로우대증으로 찍고 오셨나보다

촛불이 흔들린다
아부지가 자리에 앉으시는 게 맞다
두 손으로 수저를 얹어 드리고 뒤 돌아선다
탕국 드시는 소리가

술 잔 내려놓는 소리가
하얀 알밤 깨무는 소리가 까맣게 들려온다

가만가만 영정사진을 접는다
잔을 내린다
촛불을 닫는다
묵혀 온 그리움이 나를 음복한다

추야무중秋夜霧中
-사부곡 74

안개 휘두른 가을 밤
문 밖 풀벌레도 서늘한 기운에 몸 웅크린 밤
사부思父의 정情 그리워 몸 뒤척이며
찬 이슬에 가슴 시린 밤

'율곡 이이' 어르신처럼
마흔아홉까지만 세고 먼 길 떠나시며
마당 아래 북한강물에 담가 놓으신
긴 세월 변치 않은 무공해 사랑을
홍시같이 말랑한 유기농 부정父情을
바지 걷고 들어가 팔 헤쳐 건져 올려
푸석하게 말라 버린 내 마음 적셔 본다

갈팡질팡 키(Rudder) 없는 조각배
이리저리 두리번거리며
귀에 익었던 헛기침 소리 찾는다
질척한 눈 가을 밤하늘 아부지별 바라본다

그 사람 2
-사부곡 75

늦가을 비 추적이는 오후
누군가를 부르고 싶다
누군가와 마주하고 싶다
온기 채워주는 탁자 위에서 눈 맞추며
촉촉한 마음 주고받고 싶다
따듯한 체온 만지고 싶다

우산 접어 털고 처마 밑에 서성이니
모퉁이 돌아온 젖은 바람이
발걸음 소리 담고 온다
누군가 오고 있다
젖은 낙엽 갈색 물든 길을 지르밟고 오고 있다

그래
맞다
그 사람

아부지!

응시 凝視
-사부곡 76

10월 아침
북한강변 강마을
강둑에 나룻배는 매어져 있고
여름 내내 말갛게 데워놓은 강물에선
실타래 풀어지듯 하얀 김이 연실 오른다

눈동자 고정한 채
줌^{Zoom}으로 시선 잡아당겨 들이며
혹시 모를 오래 전 영상 찾으려 애써 본다

40년 전 마흔아홉의 푸르른 젊음
졸지에 가두어 담은 북한강
서른여섯 번 데워졌다 식고
서른일곱 번 얼었다 풀렸어도
여전히 고향집 먼발치서 일렁이는

아부지 파란 청춘을
아부지 까만 얼굴을
아부지 하얀 영혼을

찬란한 가난
-사부곡 77

아부지!
아부지가 서럽도록 보고픈 날은
무심했던 내가 미워져 버려요
왜 이리 빨리 가시느냐 묻지도 못한 채
식어버린 아부지 가슴을 눈물로 적셨으니까요

아부지!
아부지가 속상토록 그리운 날은
경사스런 날 피붙이들 모일 때예요
지금도 아부지의 빈자리는 넓고 깊은 강
내 한 몸 헤엄쳐 갈 수는 있겠지만
두고 가신 자식들 모두 내가 데려갈 순 없잖아요

꽤 오랜 세월이 열렸다 닫히고
묵은 달력은 온 데 간 데 없지만
아부지 뒤에 지게지고 헐떡이며 따르던
그 고갯길, 그 넙적 바위는 그대롭니다

가난에 쪼들리던 그 시절
부뚜막 아래 아부지 곁에 앉아

아궁이에 불 지펴 소죽 끓이던 시절
가난했지만 슬프지 않았습니다

아부지와 같이 꽁보리밥 먹을 수 있어서
아부지와 같이 막걸리 마실 수 있어서

오래된 사진을 보며
-사부곡 78

지금까지 깊숙이 감추어 오던
허전한 내 맘 한 귀퉁이
어제 늦은 밤에 들키고 말았다

박달재 산마루 휴게소 앞에서
손위 누님과 아내를 양 옆에 끼고
아들 사진기를 보고 계신
생전의 아부지 마흔여섯 살 적 젊은 모습

여름 내내 새까맣게 타버린 땀자국에
흙먼지로 덮개 쌓여 10년은 더 늙어 보이시더니
아들네 회사 수안보생활관 온천장에서
고단함에 찌들었던 부지런한 영혼
말끔히 헹구어 내시고
말쑥한 양복차림으로 서 계신다
휴게소 처마 아래 스피커에선
"우~ㄹ었소 소리~쳤소
이 가슴이 터~지~도~록" 울려 퍼졌었다

이 세상 고단한 삶 서둘러 마치고 가신지 40년

내 동공이 질척해 진다
내 시선이 울컥해 진다
내 눈길이 옮겨지지 않는다
내 눈꺼풀이 닫혀 지지 않는다
덮을 수가 없다
색 바랜 묵은 앨범

줍지 못하는 낟알
-사부곡 79

40년 전
마저 여물지 않아
주워 담을 수 없었던 낟알
싹도 틔우지 못한 채 곳곳에 남아있다
가을 추수 끝나버린 내 가슴 밑바닥에
아직도 박혀 있는 낟 알갱이들

바랭이 닭의장풀 메마른 마디 사이로
찬바람 스미는 시월이 오면
논밭에 뒹굴던 그 낟알들은
서럽도록 그리운 얼굴이 된다
가을 밤 안개 깔리는 하늘에
비워버린 국자 북두칠성으로 오신다

텅 빈 광주리 먼지 쌓여 삭아가도
주워 담을 수 없는 낟알
아~부~지

고향의 강
-사부곡 80

푸르던 아부지 시계 멈춘 지 40년
그 싱그럽던 청춘의 맥박을 따라
나의 뼈 굵어지고 살 두꺼워진
북한강변 고향 강마을
그 강가에 부들초 서걱거리고
시월의 물안개 차갑게 일렁인다

어릴 적 아부지와 같이 다랑논 오가며
허푸허푸 땀자국 씻어냈던 강물
그 강에 물오리 떼 날아들면
내 가슴 속 강물은 갈색이 된다
불 꺼진 아궁이 부뚜막처럼
냉기 가득 가슴으로 몰려온다.

시월이 되면
아부지 앓이가 차갑게 깊어진다

가족사진
-사부곡 81

어제 늦은 밤
술기운에 묵은 앨범 뒤적이다
색 바랜 가족사진에
파르르 손끝이 멈췄다
어느 해 가을 고향집 코스모스 앞 일곱 식구
가운데 앉아 환히 웃으시는 아부지

회사 입사 일 년 만에
세 달치 월급을 털어 마련했던
아사히펜탁스MX 일제 카메라를 들고 가서
추석 명절빔 갈아입고 모여 앉아 찍은 사진

구멍 뚫려 헤벌어진 가슴
온기 채울 수 없이
일 년에 세 번
설 명절과 추석날과 기일忌日에
향불 너머로만 만나보는 아부지 그림자

숨소리가 거칠어진다
연기도 없는데 눈이 맵다
바람벽이 질척하게 흐려진다

우리집 들기름이 더 고소한 이유
-사부곡 82

소 연장 끌고 갈아엎을 수도 없는 경사진 밭 자투리 빈터 일망정 아부지의 호미 날은 구석구석 파 헤쳐 엎었다. 허기를 채워 줄 양식거리는 아니었다. 양념거리 들기름 뽑아낼 들깨포기 모종이었다. 줄 맞출 것도 없이 대충 사방 두세 뼘 간격. 한 뼘 넘게 웃자란 들깨 모종을 길게 뉘어가며 흙 속에 묻어 나갔다.

대엿새쯤 지나 하얀 뿌리 자리 잡고 빨대 되어 진녹색 초액 빨아올리면 시들해 늘어져 있던 깻잎들 서서히 펴져 일어선다. 한 달이 지나면 거의 땅이 가려질 정도로 마디도 키워 올리고 깻잎도 제법 펼쳐 달아 너풀너풀 거린다. 한여름 장맛비에 흠뻑 젖어도 개구리 소리 매미 소리 쓸어 담는다. 줄기 각 지워 살찌우고 선선한 바람 내려오면 깻잎 점점 넓게 펴서 햇살 모아둔다.

두서너 달 후면 깻송이 뽑아 올려 새하얀 깨꽃을 피워낸다. 깻잎을 스치면 비릿하면서도 고소한 향이 퍼지고 꿀벌들이 분주히 깨꽃을 파고든다. 엄니는 틈나는 대로 깻잎을 따다 가지런히 펴 묶어 장아찌를 담그신다. 한여름 뙤약볕을 넓적한 잎사귀마다 깻송이마다 알뜰히 새벽이슬로 버무려 차곡차곡 재어둔다.

갈 햇살 듬뿍 받아 노릇노릇 여물어 간다. 누렇게 깻잎 색깔 물들면 포기마다 낫을 대고 조심조심 깨알 쏟아지랴 고이고이 꺾어 뉘인다. 일주일 후쯤 깻잎이 까맣게 마를 즈음 도리깨로 부지깽이로 두들기고 털어낸다. 진한 잿빛, 토실토실한 알갱이를 알뜰히 담아 들인다. 바깥마당 우물가 지하수 퍼 올려 헹구어 멍석에 펴 말려 깨끗한 자루에 담아둔다. 읍내 방앗간 큰 가마솥에 달달 볶아 무겁게 눌러 비틀어 짜내는 들기름.

그렇게 아부지가 거두어들이셨던 그 들깨 알갱이를 지금도 대를 이어 뿌려왔다. 해마다 그렇게 한 해도 거르지 않고 연년이 밭에서 거두어 왔다. 돌아가신 후 40년 동안 내 설움까지 앙금 되어 영글어져 온 깨알들. 지금까지 나의 그리움이 농축되어 터져 나오는 들기름은 더 진하고, 노랗고, 끈적하다. 녹아들었던 안타까움이 더 진한 향기로 배어나온다. 매끄럽게 입 안 구석구석 고소하게 휘감는다. 우리집 들기름엔 분명 아부지의 넉넉하고 푸근하던 영혼이 담겨져 있다. 그래서 향기가 더 진하다, 더 고소하다.

강물이
-사부곡 83

강물이 아무리 넓고 깊어도
거기에 정 깊던 세월이 담겨있지 않다면
그게 강이겠는가
물오리 날아간 허공이지

강물이 저토록 푸르게 출렁이는 건
내 서러운 눈길에 물결이 일어
저 곳의 내 아부지 고무신 끌며
대문 열고 나오시기 때문이다

나와 아부지가 부둥켜안고
말라버린 칡넝쿨 같은 애석함에
네 쪽 어깨 들썩이기 때문이다

아버지가 보내온 바람
-사부곡 84

어둠이 깔린
서울 지하철 마포 공덕역
5, 6호선, 경의중앙선, 공항철도선 네 개의 노선이 만나는 곳
내가 찾아갈 곳을 가려면
1번 출구로 나가야 하는 것을
방향을 잃고 땅속을 헤매다 8번 출구로 잘못 나와
핸드폰의 지도를 열고 돋보기안경을 들이대며
방향감각을 잡고 갈 길을 확인하고 있었다
그 때, 낯선 사람 다가와

"장남이시죠? 베풀고 나눠주기만 하고 받지는 못하는군요.
겉으로 보기엔 강해 보이지만 마음은 엄청 착하고 여리십니다."

헉!
이 사람 누구?
아부지가 나를 이 사람에게 다 알려 주셨나?
뜨끔하다
멈칫해진다

아부지가 보내온 늦가을 바람인가 보다
서글픈 바람이 휭 하니 지나갔다

알밤을 깎으며
-사부곡 85

늦봄 꽃향기는 누구보다 진하고 지릿하더만
여름날 아래로 뿌려주던 그늘은 제법이었지

그 심성 어디 가고 온몸을 가시로 감싸고
맨손 접근은 절대 사절하더니
늦가을이면 스스로 배를 갈라 내장을 토해내느냐
손톱으론 어림없게 단단히 감싼 속껍질
그것도 모자라 속살은 입술조차 거부하는 너
퉤퉤, 시거든 떫지는 말라 했거늘
너의 심술이 괘씸쿠나

네모도 세모도 아니다
그렇다고 이쁘게 다듬어진 동그란 모양도 아니면서
반질반질한 너의 피부가 얄밉긴 해도
검붉은 때깔 하나는 일품인데
이중삼중으로 감추었던 고소한 속살을 내주려는
너의 아량은 받아 주련다

이봐
다시 새 세상에 나올 땐

감이나 사과처럼 반가이 손잡을 수 있게
말랑말랑하고 매끈하게 단장하고 나오렴

*설날 아부지 차례상에 올릴 알밤을 깎으며

이루지 못한 바램
-사부곡 86

우리집에도 큼직한 감나무가 있었다
오뉴월 잎새 뒤 손톱만하게 감이 열리고
한여름 지게를 적시는 흥건한 땀에 살찌워 가더니
한로^{寒露} 상강^{霜降} 찬 이슬, 서리도 내리기 전
그만, 땡감인 채로 툭 떨어졌다
뭉그러졌다

반백 년도 못 채운
마흔아홉의 그해 구월
내게 덥석 넘겨주신 아부지의 묵직한 세월을
엄니 알아채지 못하게
동생들 모르게 꾸역꾸역 목 넘김 하다가
모여든 식구들 한바탕 즐거울 때나
이런저런 생각에 발등이 무거울 때면
남모르게 혼자 강가에 내려가
젊디젊은 아부지 푸른 영혼 담겨있는
앞 강물 한 바가지 떠서
벌컥벌컥 들이켰다

울 아부지도

머리카락 하얘지도록 살아보고 싶으셨을 거다
흰 수염 다듬고 싶으셨을 거다
남들처럼 늙어보고 싶으셨을 거다

이루지 못한 그 순박한 바램이
말랑말랑하게 익지 못한 땡감인 채
한여름 폭염에도 녹지 않는 얼음으로
차갑게, 시리게, 아리게
내 가슴 깊은 구석에 남아있다

귀뚜라미에게
-사부곡 87

울지 마라
제발 고만 좀 울어라
아부지 돌아가신 지가
34년 전인데
너처럼 이리 우는 애는 처음 본다
해마다 구월 오고
안개 어슴프레 뿌려 놓으면
나도 너처럼 이렇게 울고 있잖아
늬 맘 내 다 안다 하지 않더냐?
자
이제 고만 울고
눈물 훔치려무나

널 보면 내맘 주체할 수가 없구나

*2017년 9월 26일. 34주기 기일(忌日)을 맞으며

그날 밤
-사부곡 88

5남매 중 막내였던 아부지
집 앞 강물같이 푸르기만 하던 청춘이
사십대의 아홉수를 넘기지 못하고
9월의 가을볕에 시들어 버렸다

안개 젖은 밤, 산 고개 자갈길을
발바닥 하늘로 향한 아부지
향내 자욱한 영구차에 얹고 집에 내려왔다

늦은 밤까지 마당가에 서성이며 기다리던 식구들
동생을 먼저 보낸 큰아버지가 내 손을 잡아 주셨다
큰아버지 손등 위에 말없이 머리만 떨구었다
죄송하고 미안해서
옆에 계신 고모 품에 안겨 엉엉 울었다
억울하고 속상해서

그날 밤
내 가슴은
서러운 안개로 자욱했다

고질병
-사부곡 89

가을비 차갑게 부서져 내리니
늙은 귀뚜라미의 울음이 밭고랑을 메운다

내 그리움의 사치
입구는 기억에도 또렷한데
내 서러움의 궁상
출구는 어디쯤일지 모를
깜깜하고 우중충한 긴 터널

대낮엔 세상 소음으로 덮혀지지만
밤이면 베갯머리에서 통증이 쑤석거린다

탄력붕대로도 감쌀 수 없고
진통제로도 가라앉힐 수 없는
이 고질병은 언제쯤 딱쟁이 져 아물런지

맞닿은 속눈썹이 질척해진다

겨울,
하얗게 뿌려지는 보고픔

첫눈
-사부곡 90

어제 늦은 저녁
하늘에서 내려오는 편지를 받았다
올겨울 들어 처음으로 내게 전해지는 하얀 편지
아부지의 안부편지였다

가을 물러가며 벌써 차가워진 이곳인데
그곳 하늘나라는 춥지 않으신지
초라한 소풍 마치고 가실 때가 9월이라
오리털 잠바도 챙겨드리지 못했는데
어찌할 수 없으니 마음만 시리다
날아드는 편지 두 손 벌려 받아드니
금방 눈물로 고인다

초겨울 첫눈 내리는 밤
아부지의 안부가 차갑습니다
아부지의 안부가 눈물입니다

청국장
-사부곡 91

싸리광주리 속 식은 보리밥 허기 채우며
무릎 위 젖 물리던 한 살 배기 아기는
뽕나무 아래 포대기 깔아 뉘어놓고
땀수건 동여매고 콩밭 매던 엄니

강 건너 산마루
친정 가는 고갯길은 훤히 보이건만
궁댕이로 이랑을 문지르며
아픈 꼬뺑이 접었다 폈다 했다네

이제 보니
맏이인 내가 첫 입맞춤한 엄니의 젖꼭지를
동생 네 녀석까지 내리 물고 늘어져
주름진 배꼽까지 잡아 늘여놓았구나

금이 간 질화로
풀 발라 때운 삼베 조각마저 누렇게 타버린
모서리 부서진 화롯불 뚝배기 안에서
검버섯 된 모정이
파뿌리 된 세월이
오래도록 쫄고 있다

영정사진
-사부곡 92

계절이 어김없이 바뀔 때마다
피붙이들 모여들어 맛있는 먹거리 마주할 때마다
점점 또렷해지는 기억들
당신을 향한 그리움은
아쉬움 두껍게 깔린 고갯길

당신을 보고픈 서러움은
늙은 뽕나무 서 있는 밭둑으로 달려가고
당신과 같이 오가던 땀에 젖은 지겟길은
지워지지 않는 기억의 이슬에 젖어
바짓가랑이 축축하게 적셔옵니다

고향집 마당가에도 서까래 끝에도
그 모습 그 음성 걸려 있는데
초저녁부터 새벽이 오기까지
오지 못할 당신을 기다린 적도
지나가는 어르신 흰 머리카락 부러워 한 적도
청춘의 영정사진이 이 아들보다 젊어 보일 때도
마주할 수 없는 안타까움은
용서 받을 수 없는 큰 죄인 줄 깨달았어요

그런 보고픔이 사무칩니다

꼬치구이
-사부곡 93

이십 리 밖 국민학교에서
늦게까지 중학교 진학시험 공부 하고
빈 도시락 달그락 거리며
산 길 달려 넘어 해질녘에 집에 왔다

부엌 아궁이 앞에선 엄니 아부지
밥 지으시랴 소죽 끓이시랴
분주히 부지깽이 헤치시더니
처마 밑 서까래에 매달아 뒀던
까만 털 자국 숭숭 박혀 있는
돼지고기 두 절음을 낫으로 발려 자르신다

싸리나무가지 다듬어 꽂고
막장 한 숟가락 슬쩍 문질러 발라
아궁이안에서 살살 돌리시니
고기 굽는 고소한 냄새 안마당을 채운다
받아 두었던 막걸리 한 대접씩 들이키시고
호호 불어 식히시며 안주 삼으신다
나도 침을 꼴깍 삼키건만
엄니 아부진 부엌 밖으로 눈 길 안 주신다

그날 저녁 구이냄새 오래도록 처마 밑에 머물렀다

55년 전 아궁이 앞 돼지고기 꼬치구이 냄새가
아직도 코끝에 생생함은
옆에 앉아 구워드릴 수 없는 안타까움이
숯불에 까맣게 타버렸기 때문일 거다

아버님 전 상서
-사부곡 94

　올 한해도 딱 열흘 남겨놓고 눈발 날리는 흐릿한 날씨입니다. 아부지 계신 곳 날씨는 어떠신지요? 많이 춥지는 않으신지요? 엊그제는 고향집 엄니께 들러 주변정리도 해 드리고 전기심야보일러 축열 온도도 바짝 올려 드리고 왔어요. 각방으로 연결시켜 주는 난방 분배기 밸브도 몽땅 열어 놓았어요. 엄니 걱정은 하지 마세요. 마침 냉동실에 있던 지난여름 옥수수와 쑥 개떡을 녹여 쪄 놓으셨기에 둘이 마주앉아 맛나게 먹고 왔어요.
　아부지! 지난 12월7일은 아부지 손녀 소미가 결혼한 지 5주년 되는 날이었어요. 아부지는 알고 계셨는가 봅니다. 그날 밤 제 꿈에 오셨었잖아요. 옆 동네 새로 집 짓고 있는 공사 현장 옆을 지나가며 여러 가지 일러 주시던 기억이 생생한데 벌써 멀리 가 계시는군요.

　아부지가 26살 되던 해, 제가 4살 때 할아버지 집에서 분가하시며 지으셨던 고향의 옛집! 아부지는 그곳에서 23년을 사시다가 엄니와 우리 5남매 남겨두고 그곳 멀리 가셨던 거잖아요. 그 후로도 19년은 더 살다 보니 엄니는 점점 늙어가시는데 여러 모로 불편해서, 텃밭을 정비해서 터를 다듬고 지금의 새집을 짓고 이사했거든요. 그 후로 13년 동안 비워놓고 방치하다 보니 많이 망가지고 보기도 흉해서 헐어버리고, 메꾸어 밭으로 만들려고 흙을 받아 놓다 보니 아부

지께서 서운하셨던지 2주 전 제 꿈속에 다니러 오신 거 같아요.

아부지 손길과 발자국이 고스란히 남아있는 고성리 136-2번지 옛 집터이지요. 기역자로 지어진 초가집에 안방, 윗방, 건넌방에 부엌과 외양간, 뒷간.

처음엔 마루도 없이 문 앞 댓돌에 두툼한 발판을 놓고 드나들었던 기억이 제겐 아직 생생합니다. 차차 바깥 행랑채를 들이시고 사랑방과 헛간도 곡간도 늘리고 초가도 걷어내고 슬레이트로 바꾸시며, 천년만년 살 것처럼 단단히 길들이고 반짝반짝 윤이 나게 닦고 다듬으셨었지요.

뒤꼍에 펌프 물을 팠다가 가물면 물이 짧아, 다시 안마당에 깊숙이 파고 파이프를 박아 동네에서 제일 달고 시원한 맛

있는 샘물 올리는 펌프를 장만하셨었지요. 한여름 무더위에 논밭에서 구슬땀에 젖어 돌아오시면 치컥치컥 펌프물 퍼 올려 흙먼지도 털어내고 등목도 해 드리고, 마루 위에서 함께 했던 보잘것없지만 푸짐했던 밥상이 목이 메게 그립습니다.

 강 건너 골짜기에 다락논을 장만 하시고는 배 타고 건너 다니시며 논농사를 지으셨죠. 이른 봄 재거름을 배에 싣고 건너가 못자리를 만들고, 연장 끝 큰 소들은 나룻배에 태우고 건너가 논 갈고 써레질하여 모내기를 한 후로는, 사나흘이 멀다 않고 돌아보며 어린 자식들 흰쌀밥을 먹이려 애쓰셨던 거지요.
 윗마을 너댓 배미 논도 그 아래 경사진 돌밭도 보리밭으로 콩밭으로 바뀌어 가며 곡간의 항아리를 채우고, 검단 논과 밤나무골 다락논은 우리 식구 귀중한 식량의 터전이었지요. 그런 농토를 한 필지, 한 마지기 손수 늘려 가시며 그렇게 좋아하시고 뿌듯해하셨다는 걸 나중에 엄니로부터 말씀 들어 알게 되었구요.

 아부지!
 제가 중학교 시험을 쳐야 할 때나 고등학교 진학하고파 할 때엔 주렁주렁 5남매 자식들 걱정에 덥석 입학원서에 도장을 찍지 못하셨던 거, 저는 기억하고 있어요. 힘들게 어렵사리 제가 고등학교를 졸업하고 저 혼자 대학에 진학해 보려고 서울에 올라가 애쓰다가, 예비고사에 떨어지고 난 겨울에, 성남시 어느 버스 종점에서 군고구마 장사를 하다가,

툭툭 털고 군대에 간 후로는 휴가, 외출, 외박, 면회도 없는 특수부대에 가서 33개월 넘게 아부지 엄니 속 애타게 만들기도 했었지요.

79년1월 군대 제대하던 해 운 좋게, 재수 좋게 한국전력에 입사하였고, 입사한 후 아부지 친구분들이나 이웃분들의 소개를 받아 장가도 들이고 며느리도 보고 싶어 하셨는데, 그 마음 헤아리지 못하고 제 생각만 하다가 입사 후 3년 만에 아부지는 제가 뵈러 갈 수 없는 먼 나라로 가신 거지요.

아부지!

49년 짧은 소풍 접고 멀리 그 곳으로 가신 지가 올해로 37년째입니다. 이젠 거기서도 자리 잡고 편히 쉬시고 계신 거죠? 가끔은 이곳 생각도 하시는지요? 아부지가 떠나가신 후 저는 엄니와 우리 5남매 열심히, 남들 손가락질 안 받고 살아 보려고 애썼지요. 아부지가 뿌려 놓으신 삶의 터전에 누가 되지 않고, 반듯하게 살려고 했던 거예요.

그 후로 우리 5남매 모두 결혼해서 가정을 꾸리고 자식들 낳아 키워가며 가끔씩 만나 옛 애기도 해가며 '배나들이 집' 혈육의 정 이어가고 있답니다. 5년 전엔 제 딸, 아부지 손녀딸을 시집 보냈구요. 이듬해 봄 4월엔 제 아들, 아부지 손자 장가를 보내어 춘천 가까운 곳에 둥지를 만들어 주었답니다. 저희 끼리 잘 살아 갈 거예요. 두 놈 다 직장에 다니며 나름 생활을 개척해 가고 있거든요.

아부지!

이렇게 식구들의 모습이 변해 갈 때마다, 얼마나 아부지가 보고 싶었는지 아세요? 이 정도 살아온 것도 다 아부지 덕분이고 가르치심이었지만, 실은 저 많이 힘들었거든요. 맘 편히 의논드리고 도움도 받아야 할 아부지가 만날 수 없는 곳에 계시다는 게 얼마나 속상하고 야속하던지요.

5년 전에 엄니 팔순 생신이셨지요. 우리 자식들하고 혈육 가까운 친척들 모여서 엄니 팔순생신 차려 드렸어요. 아부지 살아 계셨다면 올해 여든일곱이네요. 많이 많이 보고 싶어요. 아부지….

*2019년 12월 말 늦은 밤. 큰 아들 올림

통금 해제
-사부곡 95

싸이렌 호루라기 소리도 없는
법적 구속력도 없는 통금
27년간 계속 됐었지
너의 긴 머리카락만큼
꽤나 긴 시간이었구나

예전에 통금시간이었던 자정보다
두 시간 이른, 밤 10시
무언의 압력 일방적 명령이었지

이제 너를 기다리는 새로운 반쪽
네가 맞이할 새 식구가 있기에
이 애비의 통금을 해제 하련다

나의 분신 한 조각
붙어있던 뽀얀 살 점 떼어내려니
헐렁해지는 애비 가슴 한 구석은
네가 손잡고 온
네 반쪽의 사랑이 채워 주겠지

밝고(昭) 아름다운(美) 딸 '소미'야

*2014년 말, 딸 결혼식을 앞두고

세월
-사부곡 96

한 해도 3일만 남겨놓은 12월28일
올해의 마지막 일요일 밤이 깊어만 간다
집 밖의 세상 사람들은 송구영신 바쁜 맘으로
몰려가며 떠들어대며 아쉬움 반 시원함 반 목 넘김 하는데
스물여덟 살 아들 녀석은
외지로 나갔다 온 친구와 어울려 늦도록 우정을 나눠 마신 후
한껏 기분 좋게 비틀거리며 현관문 크게 닫고 들어서
덧니가 보이도록 신나 하며
둘러앉아 들이켰던 우정友情 국물 내 앞에 뱉어낼 듯
얼굴을 들이대며 장난을 걸어온다
제 누이 시집간 후 집안이 왜 이리 휑하냐고

이십여 년 전
그 녀석들 네다섯 살 때 쯤 이리라
이 애비 기분 좋게 술에 취해 와서는
곤히 잠들어 있는 이불 속 두 아이 깨워 안고
작은 볼에 턱수염 비비며 뽀뽀를 할라치면
우는 듯 웃는 듯 앙탈부리며 애비 얼굴 밀쳐내고
이불 뒤집어쓰며 제 얼굴들 감출 때
용돈 주겠노라 꼬드기며 내 얼굴 들이대고

"한 번 더 뽀뽀!" 눈 감고 기다려 보기도 하였건만
저무는 한해의 마지막 주말은 아쉽기만 하다
다 커버린 자식들 눈길이 서먹하기만 하고
지나가버린 세월에 그 시절
내 품안의 녀석들 체온이 그리워
오늘 밤 아들이 뿌려내는 술 냄새가
보드랍던 아이들 살결만큼이나 다정스레
내 무릎에 내려앉는다

*2014년 12월 말 해넘이를 하며

내가 갚아야 할 빚 2
-사부곡 97

이제는 손자며느리 맞으시고 손녀사위도 보셨으니
썩 자랑스러울 것은 없지만
더 이하의 어려움은 없을 살림살이
남의 손 빌려가며 그 땅, 그 곳, 그 자리에
우리네 찾고 싶은 그 터전 지켜내신
고향의 내 엄니!

몇 년 전 가을
갑작스런 병환으로 머리카락 자르시고
파란 담요 덮고 수술실에 들어가시고 난 후
8시간 가까이 안내판 쳐다보며
가슴 조이며, 창 밖 하늘 내다보며
엄니 봉양이 부족했음을
제대로 살펴 드리지 못했음을 뉘우치며
왜 그리 죄스럽고, 왜 그리 속상 하던 지요
당신께 안겨드린 고통을
이 아들 가슴 속에 차곡차곡 쌓으며
입술 타는 안타까움으로 발을 동동 굴렀지요.

오랜 시간 수술을 잘도 참아내신 늙으신 몸
5남매 태어난 낡으신 몸
미안합니다, 죄송합니다, 다시는 안 그럴게요.

당신은 이 자식들을 위한 희생자가 아니라
소자들을 위해 새로 나신
우리 집의 가장 빛나는 멧봉우리이십니다.
마음도 넉넉하게 이젠 많이 나누시고
동백기름 머릿결도 가끔씩은 가꾸시어
김밥에 노잣돈도 쓰실 만큼 드릴 테니
동네 친구분들과 이웃들과 오손도손
주름 한 줄 펴시고 근심 걱정 털어 버리세요.
잡초도 뽑아 드리고
맨드라미 봉숭아도 마당 가득 가꾸어서
찾는 이웃 좋아라할 소담스런 터 제가 만들 테니
팔 벌려 안아 주시고 잔잔한 미소 주시어
아부지께 못다한 이 자식의 빚을
어릴 적 익힌 솜씨로 지겟다리 무겁게
곱절로 드릴 테니

웃으시며 받으소서
뒷짐 집고 받으소서
오래오래 사옵소서

바람벽 친구 삼는 내 엄니

그림자
-사부곡 98

두 눈을 감아도
가슴 깊은 곳에
감춰 왔던 수많은 얘기들
말은 하고 싶지만 입을 열 수 없었던
그림자뿐인 아부지

아직도 처마 아래 깡마른 채 서있는 지게
어릴 적 익힌 그 지게질 솜씨로
두 길 높이 쌓아 올려
묶어 질 수도 없는
내 아부지 묵은 사랑이여
솜털같이 가벼운 영혼이여

분이 가시지 않는
이 아들 슬픈 육신은
다시는 붙잡을 수 없는 그림자에
애달피 손 내밀며
비틀비틀 매달릴 뿐입니다

황태
-사부곡 99

한겨울 설풍에 겉살 성한데 없이
찢기고 부르트며 그 괴로움 못 이겨
벌어진 입 다물지 못한 채 몰골 또한 흉한, 너

아부지 하세(下世)하신 후
홀 엄니 버팀목 되어
5남매의 맏이로 형제간의 기둥 되어
나이기 전에 우리 집이 먼저였던, 나

쫀득한 제 속살을
헤벌려 나눠주고, 입맛 돋우어 주고
말라비틀어진 물기 없는 옆구리
빈껍데기로 뭉툭하게 닳아빠진 등짝
저 혼자 뒤척일 수 없는 몸
희멀건 눈 허공만 바라본다

내가 지금껏 껴안고 온 피붙이들에게
뼈 발려 맛난 숟가락 챙겨 주고는
물기 없어 메말라 갈라진 논바닥처럼
육십갑자 환갑, 진갑 다 꺾어 버린
나 또한, 네 꼴이구나!

툇마루
-사부곡 100

'바람이 세게 불던 밤 나는
문 밖에서
아버지가 흐느끼는 소리를 들었다

나가보니
마루 끝에 쪼그려 앉은
빈 소주병이었다'

40년 전 마흔아홉의 세월로 일찌감치
이승의 소풍 마치신 내 아부지
바람이 굳이 세지 않아도 헛기침 소리 들려온다

들기름 발라 구워낸 김 쪼가리에
밥상에 앉아 하얀 이밥 말 때도
풋고추에 된장 찍어 올리다가도
밀수제비 한 덩어리 숟가락에 얹혀 질 때도

난, 자주
좁은 목구멍 메워져 온다
울컥 눈물 한 국자 치밀어온다.

*공광규의 시「소주병」부분 인용

겨울 귀향
-사부곡 101

몽골 벌판에서 발달한 한랭 고기압이 내려오면
중북부지방 영하 2,30도의 강추위
북한강 청평호수를 얼음판으로 덮었다
나의 고향은 북한강변 강마을
친정이 경남 통영인 아내와 고향집에 간다

생전 처음 강 얼음판 디뎌본다는 아내
내 왼손을 두 손으로 움켜쥐고
엉거주춤 발을 못 뗀다

아내 시댁 가는 길은 귀양길이다

투명한 얼음장 밑엔
강바닥 자갈과 수초가 훤히 들여다보인다
쩌렁쩌렁 얼음장 얼어붙는 소리
아내는 자지러질 듯 주저앉는다

온돌방 아궁이 군불 지펴놓고 마중 나온 엄마가
강 얼음판 건너 저만치에서
굽은 허리 위로 손 흔들며 어서 오란다

나의 귀향은 아부지 품으로 가는 길이다

섣달그믐
-사부곡 102

고향집 마당 아래 저만치에 북한강물
쉼 없이 출렁이던 푸르름이
얼음장으로 두꺼워지는 섣달그믐

차갑게 영글어 하얗게 부서지는 하늘이
보송보송한 목화송이로
들깻대 뒹구는 텃밭에 쌓여간다

뒤척이는 기~ㄴ 겨울 밤
화롯불은 하얀 재로 식어 가고
문풍지 비집는 시린 바람에
아랫목 구들장을 파고든다

바람벽 못에 걸린 바지주머니 속
쭈그러진 밤 한 톨 바스락거릴 때
윗목 방구리 속 청국장
진득진득 익어간다

아버지가 지어주신 옷 두 벌
-사부곡 103

초등학교 4학년 때
잘 생긴 소나무 가지를 틀 잡아 바싹 말려
아부지는 내 키에 맞는 조그만 지게를 만들어 주셨다
봄이면 아부지와 같이 소두엄 밭으로 져 날랐고
여름이면 소꼴을 베어 왔다

내가 얼룩무늬 교련복 입는 고등학생 때
굵고 큼직한 지게를 다시 지어 주셨다
가을이면 아부지와 같이 볏단을 져 나르고
겨울이면 땔나무를 해 들였다

아버지가 생전에 지어주셨던 그 옷
40년이 지난 지금도 고향집 처마 밑에 기대서 있다
어깨 멜빵은 비닐 로프로 바뀌었고
등태는 삭아 떨어져 나갔지만
아직 아부지 손때 흔적 남아있다
아부지 기침 소리 얹혀져 있다

먼저 가신 아부지 하늘 길 따라 갈 때면
남기고 간 땀에 절인 한숨 몽땅 지고 가리라
평생 입었어도 닳지 않은
그, 옷으로

*고향집에 아직 남아있는 헌 지게를 보며

가짜 젖꼭지
-사부곡 104

40년 전
마늘쫑처럼 비집고 나오자마자 꼬부라져
서러운 길 머뭇거리며 떠나신
향기도 꿀도 뿌려주지 못한 아부지
밭 귀퉁이 양지쪽 토방에 가만히 내려놓을 때
하늘이 멍들도록 쏟아놓는 통곡에
구구구 산비둘기 곁에 와서 같이 울었고
내 눈물 도랑물 되어 흘렀다

그때 그 통곡소리가 요즘 집안에 울리고 있다
오는 삼월부터 어린이집에 갈 20개월 된 외손자
잠들 때 물리던 가짜 젖꼭지를 떼려 하니
속상하고 서러워 온 집안을 흔든다
무릎위에 앉혀 흔들어줘도 업어 달래 줘도
목이 갈라지도록 발버둥 친다

오래 전 나의 그 통곡소리다
내 팔뚝 위로 손자의 눈물이 배어든다
내 가슴을 질척하게 적셔온다

설 명절
-사부곡 105

사랑방 윗목 이불 덮은 항아리에선
뽀록뽀록 술이 익어가고
눈 덮인 텃밭 구덩이에서
알밤을 꺼내 오시는 아부지의 삼태기엔
속살 뽀얀 고소함이 담겨져 온다.

묵나물 고사리를 손질하신 엄니는
읍내 대목장에 다녀오시고
가래떡 소쿠리 옆에 눌려서 온
낙하산 양말 한 켤레 설빔에 신났다.

내일 땔나무 두어 짐 더 해다 쌓고
발목의 묵은 때 까마귀한테 뿌려주면
내 유년의 설날을 외양간 암소도 부러워했다

귀향 1
-사부곡 106

전화기 옆을 서성거리던 흰 머리 돋보기안경
옆집 개만 짖어도 얼른 문을 열어보고
기다림의 바쁜 마음 마을 어귀로 나선다

어서 가자
산 넘고 물 건너 나갔던 사람들아
이 밤 깊기 전에 대문 열고 뛰어들며
크게 한번 외쳐보자
"엄니! 저 왔어요!"

설날이 한 쪽 손가락 수만큼 남았으니
엄니는 또 몇 날을 잠 못 이루시며
우리를 기다리시겠지요
가래떡 고이 뽑아 놓고
불어오는 바람 한 조각에도
서둘러 창을 여실 겁니다

지친 내 몸과 마음을
말없이 쓰다듬어 주시는 주름진 손
쭈글쭈글해진 엄니 젖무덤에 기대어

희뿌연 머리카락 만지작거리며
잊혀 져 가던 오래 전 이야기를 듣자

어릴 적 젖 냄새라도 맡으며
잠시 쉬었다 오자

못다 한 사랑
-사부곡 107

도둑맞은 애정
내 머리에 흰서리 내릴 때까지
찾을 길 막연했지만
힘겨워도 포기할 수 없었지

지나간 짧은 사랑 그리워하며
혼자만의 생각으로 버텨온 세월
아부지 바램대로 그려진 건지
도무지 알 수 없고

계란 두 판을
빈틈없이 채우고 난 세월
스쳐간 사랑을 기다리는 건
아직도 부려보지 못한
철부지 아들의 어리광일 건데

대관령 옛길처럼
오래도록 같이 걷지 못한 아부지라서
어렴풋한 체취를 찾아
늦은 밤부터 안개 깔린 이른 새벽까지

침침한 눈 비비며 밤 길 헤매던 이 아들

초점 잃은 가엾은 두 눈의
질펀한 눈물자국 마를 날은 언제인가요
어리석게 자꾸만 울먹이게 되네요

고자 孤子
-사부곡 108

49년 세월이 멈춰선 아부지의 시계
차갑게 얼붙은 한겨울 상고대가
슬픈 영혼마저 새하얗게 감싼 밤
가슴을 덮어오는 차가운 향불 내음

떠나신지 한참이 지나도 그 사랑 절절하여
외로운 아들자식은, 늘
죄송하고 미안하고
안타깝고 속상하고
서러웁고 괴로워서
울먹였죠, 망설였죠

허무하게 잘려져 동강 난 그루터기 위로
끊임없이 솟아오르던 진한 부정 父情
야금야금 축내며 엄벙덤벙 살아오며
투정부릴 곳 없었기에
어리광부릴 곳 없었기에
그까짓 것들 다 허무하고 서운했죠

염치없는 삶의 흔적 남기기도 죄송하여
애써 감추려는 가엾은 아들입니다

제삿날
-사부곡 109

옛날에 아부지는 젊었다
작은 체구였지만 큰 산이었다
아부지는 나보다 스물두 살 더 나이가 많았다
잎 너른 오동나무였다

농사일로 까맣게 그슬린 이마 위에
하얀 무서리도 내리기 전 계절에
하얀 구름 피어오르기 전 세월에
푸른 청춘을 뒤로하고
빠른 걸음으로 멀리 가셨다

가끔은 뒤돌아 오시기도 한다
향불 피우고 떡국 사발 차릴 때
촛불 키우고 조율이시棗栗梨柿 올릴 때
영정사진 너머로 슬며시 오신다

이 아들의 세월은 아는 듯 모르는 듯
오래 전 마흔아홉의 젊디젊은 그 얼굴로
미안하신 듯 말없이
오시는 듯 가신다

향불이, 촛불이
아부지 그림자로 흔들린다

아버지 마지막 가시던 날
-사부곡 110

49년 세월로 멈춰선 아부지의 세월
서러움에 젖어 문드러진 내 가슴
울부짖다 갈라터진 내 목구멍

바깥마당에선 아버지의 꽃수레가 꾸며지고
영정 앞의 맏상주인 난 안절부절 이다

자리걷이 후 초라한 술상이 차려지고
목축인 상여꾼들이 아부지를 어깨 위에 얹고 등걸음친다

성명姓名 삼자三字 불러내며 어서 가자 재촉하니
뉘 명인데 지체하겠소
뉘 분부인데 거역하겠소

마당 아래 돌계단
허구한 날 지게지고 오르내리던 길
어느 누가 대신 가고
어느 누가 동행하겠소

북망산천 가는 길

왜 이리 발길이 무거운 겁니까
아부지 태어나 뼈 굵어지고 살이 붙었던 곳
이 아들 혼미해진 곡성 위로
누군가 끼얹은 찬물은 눈물과 범벅 되어 마당을 적시고

일궈 먹던 화전밭 언저리 차디찬 토방
뽀얀 삼베로 단장하신 아부지의 식은 가슴에
한 줌의 흙 차마 덮을 수 없어
엉엉 눈물 섞어 귀퉁이에 내려놓았소

장터 국밥집
-사부곡 111

오래 전 여름 7월 초
장마 먹장구름 올라오기 전
텃밭에서 캐낸 햇마늘 세 접 싸 들고
아부지, 엄니와 같이 읍내 오일장에 갔다
아부지가 한 접에 3천 원씩 받고 수단껏 팔아보란다

나는 양손에 치켜들고 외쳤다
"매콤, 상콤, 달콤! 밭마늘 육쪽마늘이요!
한 접에 4천 원, 단돈 4천 원!"
아부지는 먼발치서 팔짱 끼고 바라보시며
빙긋이 웃고 계신다

전년도 늦가을 차디찬 텃밭에 꽂았던 씨 마늘쪽
올여름 내 손에서 통마늘로 흔들린다
4천 원씩 받고 금새 팔아 치웠다
장마당에 들려 호미 두 자루, 낫 한 자루
엄니 양말과 내 반바지 한 장 사고 장터 국밥집에 들렀다
아부지는 소주 한 병을 시키셨다
엄니와 나도 한 잔씩 받아 마셨다

아부지 돌아가신 지 37년
지금도 나는 우거지 선짓국을 자주 찾는다
뚝배기 속 우거지 같은 흐물흐물한 이 가슴이
검게 끄슬린 아부지 손등 같은 선지덩이를
울컥울컥 소주잔에 말아 넘긴다
아부지의 체취를 말없이 들이킨다.

끈
-사부곡 112

나는 하늘로 오르려는 꼬리연이었다
아부지의 검게 탄 두툼한 손은 얼레였다
아부지의 묵직한 시선은 팽팽한 연 실이었다

연은 땅을 박차고 솟아올랐다
꼬리를 흔들며 바람을 휘저었다
자꾸만 멀어지려 했고 높이 오르려 했다
연 실의 손아귀에서 벗어나려
좌우로 흔들고 곤두박질하며 몸부림쳤다
악착같이 따라오며 붙잡으려는
감아쥐려는 얼레를 뿌리치려 뻐팅겼다.

그러다 한 순간 연 실이 툭, 끊어졌다
마구 휘저어대던 바람이 잠잠해졌다
솟구쳐 오르려던 하늘도 사라졌다
연은 맥없이 비실비실 내려앉았다
땅에 처박힌 연과 끊어진 연 실은
온 몸이 흙투성이가 되어 땅 위에 뒹굴었다
멈춰버린 얼레는 땅 속에 묻혔다

연 실에 묶여 솟아오르지 못하는 줄 알았는데
연 실 때문에 떠오를 수 있었던 거다
연 실이 끊어진 연은 더 이상 연이 아니었다
땅 위에 주저앉은 그 연은 꼬리도 잘라져 있었다

끈 끊어진 그 연 가슴 한복판엔
가마솥만한 구멍이 뚫려 있다
휑하니 서러운 바람이 훑고 지나고 있다

그리움의 굴레
-사부곡 113

갈 수 없어 그립고
볼 수 없어 그립고
함께 하지 못해 그립다
그립다는 것은 살아 있음일까
아마 누군가와 각별하다는 증거일거다
그 그리움이 보고 싶다

나는, 지금껏 바보스럽게도
끈질기게 그리움 안고 살아왔다
그 그리움 희미하게 퇴색 되려면
얼마나 더 살아가야 하나
언제까지 더 그리워해야 하나
그 그리움 울컥 목울대 밀어 올릴 때면
켜로 쌓인 그리움의 묵은 때
때수건으로 박박 벗겨내고 싶다

누군가의 기다림은 반가움을 고대한다지만
나의 그리움은 헤어날 수 없는 굴레이다
반가움은 한순간의 토막이지만
나의 그리움은 끝없는 실타래이다

이 절절한 그리움이 변형되어
미움으로 바뀌게 되지 않기를
그리움의 체력이 고갈되지 않기를

벗어날 수 없는 그리움의 굴레를
가물가물해져 가는 아부지의 체취를
나는, 지금도 온몸에 둘둘 감고 있다

강가에서
-사부곡 114

고향집 마당가에 서서 바라본다
강물 속의 하늘을
수면 위의 앞산을

강물이
앞 산 늙은 산허리를
동여매 끌어안고 있다
아부지 생전에 사나흘이 멀다하고
지게 싣고 노 저어 건너다니던 골짜기를
서글피 품에 안고 있다

저 아부지의 강가에
버들가지 풀죽어 늘어져 있다
부들초 잎사귀 사각대며 흐느끼고 있다

겨울 밤
-사부곡 115

저만치에 북한강
여름 내내 출렁이던 젊음
얼음장으로 두꺼워 지는 밤

차갑게 부서지는 겨울 하늘
보송한 눈발로 고향집 텃밭에 쌓이고

뒤척이는 긴 겨울 밤
꽁꽁 언 바람이 문풍지 비집는데

윗목의 방구리 속 청국장
진득진득 익어간다

황홀한 기다림
-사부곡 116

2020년 오월 이십오 일
말랑말랑한 뼈 틈새에
토시토실한 살 속에
열 달을 담고 있던 울음
녀석이 활짝 열어 젖혔다
트니트니*가 곁에 왔다

이, 황홀한 떨림
나, 침침하던 눈이 맑아진다
내, 손등의 검버섯이 봉숭아 물 들인 것처럼 발그레 진다.

코로나19 때문에
병실 출입은 물론 사절이고
신생아실 유리창 너머 면회도 안 되니
며느리가 보내주는 휴대폰 영상으로나 만난다

깨끗이 빨래해 둔 새 옷으로 갈아입고
손을 두 번 닦고 세 번 헹구고
KF94 마스크를 두 겹으로 걸치고
꼼지락 거리는 발바닥 간질여보고 싶다
까만 눈동자 마주치고 싶다
얼른 마주하고 싶다

*트니트니 : 둘째 손자의 태명

아버지의 향기
-사부곡 117

아부지 손등에선
풀 향기가 났었다
아부지 발목에선
흙 냄새가 났었다

아부지~
목청껏 불러 보고 싶지만
입안에 침이 마릅니다
헛기침 소리 듣고 싶지만
귀청이 먹먹해져 옵니다

바깥마당 서성이며
울먹이는 내 발등 위로
초겨울 싸락눈이
차갑게 쌓입니다

강물 3
-사부곡 118

내 가슴 속 오랜 상처가 얼어붙은
강마을 앞 얼음장 한복판
두 발 가지런히 모아
손 대신 합장하고
앞산 골짜기 멍하니 바라본다

막힐 것 없는 얼음판 위
몰려온 바람이 건너로 내 닫는다
강 건너 다랑논
아부지는 삽으로 나는 괭이로
샘 둑 물고랑 돌려대던 골짜기
잡초 무성한 논두렁 위엔
아부지 땀숨 돌리던 담배 연기가
아직 몇 모금 고여있으리

귓가의 바람은 찬데
가슴은 뜨거워진다

대한大寒을 앞두고
-사부곡 119

봄부터 늦가을까지 요란스레 흔들며 어지럽히던
모타보트들의 물보라도 얼음장 아래 갇혔다
말랑말랑하던 집 앞 강물이
딱딱히 굳어 움직이지 않는다
아니 차디차게 얼어붙었다
그 얼음판 위를, 눈 덮인 하얀 벌판을
가만히 디뎌 본다

쩌렁쩌렁 얼음장 트는 소리가
강 건너 산자락을 흔든다
그 울림 뒤로 아부지의 기침 소리가
가늘게 여운을 남기며 내 발 앞에 멈춘다

내 아부지 영혼의 쉼터인 앞 강물
아부지의 푸른 체온 위에서
내 시린 발걸음이 머뭇거린다
가난했지만 부지런한 청춘이
강 건너 논배미 오가며
노 젓던 소리 차갑게 귓가에 울린다